おとなが育つ条件

——発達心理学から考える

柏木恵子
Keiko Kashiwagi

岩波新書
1436

はじめに――発達するのは子どもだけではない

「発達心理学」は子どもの研究？

専門は？と問われて、心理学だと申しますと、「心理学の何が専門ですか」と尋ねられることがよくあります。「発達心理学です」と答えますと、「ああ、そうですか」とすんなり分かっていただけることはあまり多くはありません。えー？と考えこまれたり、「では、子どもの研究をしているのですね？」と言われたりすることがしばしばです。「子どもの研究ですね」といわれますと、「そうです」ともいえず「違う」ともいえず困惑してしまいます。そこで「子どもの研究もしましたが、今はおとな――特に中高年の男性と女性に関心があります」と申しますと、一層混乱される向きもあるのです。

心理学でも社会心理学や性格心理学、臨床心理学などの場合は、そう混乱なく理解されるようですが、発達心理学はどうも分かりにくい――その一因は「発達」という言葉が日常的に耳慣れないこともあるかもしれません。「発達」とは日常的表現では「成長」とか「育つ」ことですが、これは身長や体重、瞬発力など身体面の場合に使われてきたことから、心理学が扱う心や行動には「発達」という語が使われるようになったようです。

　さて、発達とは心や行動の成長だとなりますと、それは子どもだとすぐ思いつくでしょう。五〇センチほどで産まれ泣くほかは何もできなかった赤ちゃんが、たちまち身長も体重も増え、いろいろな音声や表情で自分の意思や喜怒哀楽の感情も表現するようになるなど、他の時期にはみられない子どもの成長ぶりには誰もが強烈な印象を受けます。そこで、成長、発達というと子どもと連想するのは無理もありません。しかし、これが発達についての誤解の一つです。

　もう一つの誤解の元は、子どもとおとな／親との関係から来ています。子は未熟無能で育てられる、他方、育てる親やおとなは子どもに比べて有能です。この「育てられる子―育てる親／おとな」の対比が、おとなは発達がすでに完了しているとの錯覚を招きやすく、発達は子どもの問題であり、おとなの問題ではないと見なすことになりがちなのでしょう。

　同様の誤解は学問の世界でも長いこと続いてきました。心と行動の発達を扱うのは児童心理学や青年心理学で、おとなになるまでが研究の対象でした。それがおとな以降も発達し続ける事実が注目されるに及んで、成人したのち死に至るまでの一生が発達研究の対象となり、生涯発達心理学といわれるようになったのです。

おとなも成長／発達する――発達には多様な変化がある

成長／発達は子どものみならずおとなの問題です。人が自分の存在に意味を認め生き甲斐を感じる基盤は、自分が成長しているという実感です。発達は人が生きている証しです。よく、「○○さんから「影響を受けた」」「○○に「育てられた」」「○○から「学んだ」」などといいます。自分の歩みを振り返ると、誰しもそう思う経験があるでしょう。私たちはさまざまな人との交流や体験によって、それまではなかった力や知識を得ます。能力や知識だけではありません。それまでの生き方に変化を迫られもします。この「影響を受けた」「育てられた」「学んだ」という変化こそ、発達にほかなりません。

ただし、おとなの発達は子どもの場合のようにみるみる増える、どんどん巧くなるといったものとは限りません。それとは質的に違った特徴をもっています。その一つが、以前していたことをしなくなる、できなくなることです。この消失／衰退という変化は、新しい心の働きや行動の変化をもたらす積極的な変化です。これはおとな以降の発達に顕著な特質です。

このような意味で人は生涯発達します。そしておとなが発達していないことは、本人はもちろん、家族や職場など周囲の人々にも影響が及び、問題が生じます。今、日本ではおとなの発達がうまくいっていない現象が諸処にみられています。なぜ、そのような状況になっているのかを明らかにするのも本書の目的の一つです。

生涯発達心理学は高齢化社会の産物——社会の中の学術研究

生涯発達心理学の誕生と発展は、近年の高齢化を抜きには考えられません。たかだか人生五〇～六〇年だった時代には、おとな以降の発達をあえて問題にする必要はありませんでした。発達はおとなになる前の子どもや青年を研究すること、それ以降については性格心理学や社会心理学などおとなを対象とした研究で十分だったのです。

高齢化によって、それでは済まなくなりました。高齢化すなわちおとな以降の期間の延長は、「おとな」と一括しきれない長い時期に生じる心と行動の変化発達を正面から研究する必要性を提起しました。例えば「いつまでも働きたい」と思う人の希望を充たすには、加齢にともなう心や能力の変化を知る必要があります。さもないと適切な労働条件の整備はできません。また高齢者の幸福のためには、その心身の状態を明らかにした上でどのような生活の整備と支援が必要かを見定めることも発達研究の課題です。このように、発達心理学は高齢化社会の産物ともいえるでしょう。

学術研究というものは、社会の中で生まれ社会と共にあり、そして社会のためにあるものです。おとなの心や生き方を扱う発達心理学の社会的使命は、前例のない超高齢化の日本でとりわけ大きいと思います。

目次

第1章
発達とは何か

発達というと、とかく子どものことと思いがちだ。しかしそうではない。それは、発達について、新しい能力が現れる、より強くなるといった変化を思い浮かべ、高齢とともに諸能力が衰え弱まると思うところからきている。しかし発達という変化には、子どもから高齢者までどの時期にも新しい能力の発現もあれば衰退もあるのである。これらのことを具体的に述べ、さらに発達という変化が何によってもたらされるのか、人間ならではの発達メカニズムについて考える。発達と環境の問題、社会化の仕組み、さらに人の意思や理想、努力を基盤とする発達の自己制御について述べる。

発達という変化

発達というと何よりも注目されるのは、子どもにそれまでなかった能力が発現する、できなかったことができるようになるという変化でしょう。さらにその力が強まっていく変化です。それは姿勢や移動などの身体運動から言語や対人行動、感情など多くの面でみられますが、中でも言語発達は、その代表ともいえるものです。

泣くことしかできなかった赤ちゃんに、母親のいうことがわかるようになる（理解）、やがて自分から相手に表現する発語（産出）も現れ、それが増えていく姿は目覚ましいものです。この乳児の二つの言語機能の発達の消長を示したのが、図1-1の発達曲線です。理解と産出という二つの機能が異なる時期とテンポで増強していく様相が歴然です。

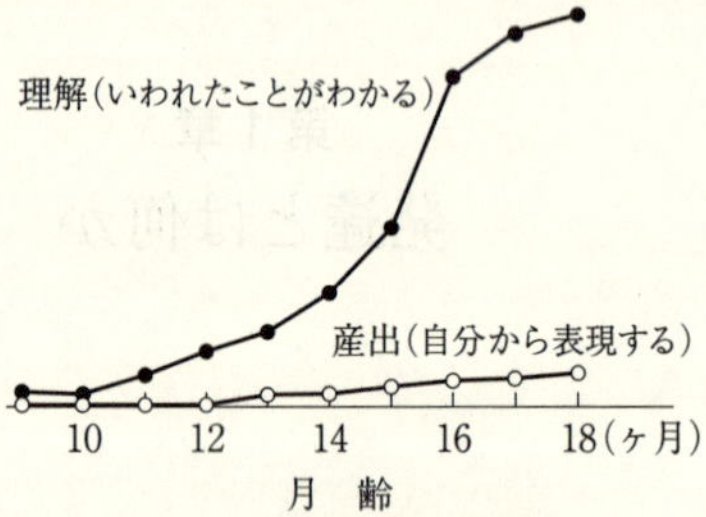

図1-1　乳児の言語発達

発達曲線では捉えきれない発達――質的構造的転換

理解でも産出でも、その数が増えることは言語発達の重要な側面です。発達曲線はそれを端的に示しています。しかし言語の発達とは、ただ語彙数が増えればいいというものではありません。状況や話者との関係に応じて適切な表現ができるかどうかも重要な側面です。

父親と動物園に行って帰ってきた子が、(一緒に行かなかった)母親に向かって「パンダみたよ」といい、父親には「パンダみたね」といいました。この子は、自分と相手との体験共有の有無によって「よ」「ね」を使い分けているのです。誰に対しても、「パンダみた」というのとでは、発話の効果は大違いです。この「よ」「ね」の区別使用は、自分と他者との関係と伝達したい内容について明確な認識をもっていることが前提です。これは語彙や構音(のど・唇などを使っていろいろな音を出す)など、数量の変化として発達曲線では捉えることができない重要な変化です。

おとなの場合でも同様です。最近、日本に帰化されたドナルド・キーンさんは日本の現代文学から古典にわたる豊富な知識と深い理解をもっている方ですが、「日本語に通じている」とは現代文学や古典を読解できることではないと次のような例を挙げています。

友人とバーで歓談している時、誰かが「アッ、一二時だ」と言ったら、「そろそろ帰る時間だ、腰をあげねば……」のサインだと理解できるかどうかだというのです。「一二時」が言葉どおり時刻の通告ではなく、それ以上のことを意味している含意を理解できなければ、「日本語がわかる」「日本語に通じている」とはいえないというのです。

これは言語の発達に通じるものです。語彙数の増加は言語発達の一要素、それ以外に語彙の含意を理解しそれを使いこなす力、相手や状況に応じて語彙や表現を的確に使い分ける力が重要です。おとなの言語能力は語彙の数量以上に、表現の質が問われるのです。

言語以外の面でも同様です。うちの子は一〇〇まで数えられる！と親は喜びますが、その子が数の本質的性質を理解しているとは限りません。ブランコを「一人一〇回ずつ」と決められた場合、ブランコの振りに対応して一、二、と数えていない子は少なくありません。それは、待ちきれず急いでいるのでも、ずるをしているのでもありません。「振り一回が一」という数の一対一対応の概念を理解しておらず、ただ数を唱えているのです。子どもの数唱範囲が増加するという量的変化が眼につくあまり、数の理解という質的な面での発達を見落としがちなのです。

消失／衰退も発達――しなくなる／できなくなることも重要

ともあれ、「できるようになる」「強くなる」という変化は発達の重要な面です。となると、おとなや高齢者は、発達はやはり自分たちのことではない、子どもの問題だと改めて思うかもしれません。忘れっぽくなった、何ごとにも時間がかかる、すぐ疲れるといった日頃の体験は

「有能になる」「増強する」とは正反対。以前できていたことができなくなる消失／衰退という変化です。この体験は決して愉快なものではなく、日々増強する子どもには「かなわない！」と嘆くものです。

しかし、違うのです。消失／衰退という変化は、困った否定的な出来事ではありません。発達の別な面であり、しかも積極的意味をもつ変化です。代表的な例が反射です。反射とは、体のある箇所が刺激されると必ず起きる機械的反応です。赤ちゃんは掌にものが触れるとそれが何であれ握ります（把握反射）。ほかにも、膝に支えて立たせると脚を突っ張って歩くように動かす起立反射など、いくつもの反射が誕生時からあります。けれども、反射はいつまでも続かず、三〜五ヶ月頃には全ての反射は消えてしまいます。いつまでも反射が残っているのは発達の遅れや障害の兆候です。

考えてみれば、何でも触れたものは握ってしまうというのは困った行動です。欲しいものは握る、いらないものは握らないなど、目的に応じて判断し選択して行動するのが人間です。この目的―選択に基づく行動は、無差別で機械的な反射が消失するのと入れ替わって発達します。反射の消失衰退は、より高次な行動の出現のために必須の積極的な意味を持っているのです。

記憶についても同様です。「物覚えが悪くなった」「記憶力が衰えた」というおとなは、子どものような何でも手当たり次第にたちまち覚える記憶力は衰えています。しかし、おとなは手をこまねいてほってはおかず、丸暗記に代わるいろいろな工夫をしているものです、覚えるものは自分にとって重要なものに限定する、一字一句もらさず覚えず瑣末な部分は省き要点に絞って覚えるなど、重要性の判断と選択、焦点化をします。さらにメモを取る、連想を活用する、図や記号に置き換える、調べ方（どの辞書かネットで調べるか誰に聞くかなど）の確認などをして、情報を確実に記憶ストックに納めて活用しています。これは丸暗記能力の衰退によって促されるもので、内容の選択／焦点化によるエネルギーの節約と効果的な記憶方策の創出という、より高次の重要な発達です。

新しい能力の獲得と消失／衰退は、人間の誕生から死までいろいろな面で常にあるのです。子どもはどんどん増強する、加齢とともに衰退の一途、というのではありません。思えば、行動レパートリーがただ増えていくのではパンクしてしまいます。より高次のものに入れ替わるために必須の前提が消失／衰退、換言すれば消失／衰退があればこそ新しいより高次な機能が生まれ、獲得／増大も起きるのです。

「年齢」「時間」の意味——発達曲線の功罪

発達曲線の「○歳では○点（%）」という表示は、「△歳だから△点」「□歳になれば□%ができる」と受けとられがちです。年齢が結果を生んでいるかのように——。しかしそうではありません。発達曲線は一目瞭然わかりやすくて便利ですが、時間や年齢は表記上の基準に過ぎず、年齢差という変化が何によって生じているのか、つまり発達の原因は何かについて、答えていないのです。

日頃、「まだ一歳前なのだから（できなくても）仕方がない」とか「もう少したてばできるようになる」などの言葉をよく耳にします。子どもの成長への熱い期待のあらわれです。加齢にともなう能力の変化についても、「年には勝てない」とか「年の功」などといいます。これらは一般の人がもつ発達についての素朴理論ですが、そこにはあたかも歳月や時間が発達という変化をもたらすとの考えが含まれており、その意味で正しくありません。

発達という変化は、時間さえ経てば黙っていても自然に生じるというものではありません。「石の上にも三年」といいますが、何もせずに座っているだけではだめ、その間の過ごし方が問題です。その時間内に「何をしていたか」「どんな働きかけを受けていたか」など、時間の中味が重要なのです。さらに、好奇心が強く新しい経験に気軽に対応する態度（開放性といいます）は、知識や技能の水準を衰えさせずに維持させます。また、几帳面でまじめに対処する態度も、衰退を補う有効な方略を工夫させています。日頃の生き方や性格は、時間以上に発達を大きく左右するのです。

素朴理論の誤りには心理学も一役買っています。年齢や時間を基準に示す発達曲線の頻繁な使用も一因でしょう。また「○歳児の心理」「□歳問題」「△歳児の危機」など、年齢ごとの特徴や問題を記述した本も少なくありません。発達という変化を分かりやすいように年齢軸で記述したものなのですが、これも、あたかもある年齢には固有の発達現象がある、時期や時間は絶対だとの印象を持たせている危険があります。

未熟で無能な赤ちゃんの有能さ——人間の発達の進化的基盤

ところで、発達という変化はランダムで不規則なものではありません。四方八方飛び散るポップコーンの噴射とは違って、緩やかな規則性、方向性、順序性があります。歩く前にはおすわりやつかまり立ちの時期があるように、自分から発話する前に、人の声に関心をもつ、視線を合わせる、いわれたことが判る、いろいろな音が出せる(構音)といった一連の行為が順を追って現れているものです。赤ちゃんがもつ人への強い関心と構音能力は言語発達の大前提ですが、これらはいずれもヒトの進化の産物です。

人間の赤ちゃんは誕生直後から人(的なもの)に強い関心をもっています。他の刺激よりも人顔刺激を突出して長く見つめるほか、自分の方を向いた顔を長くみる、(機械音ではダメで)人の声に同調して体を揺する、他の赤ちゃんの泣き声につられて泣くなど、人への強い関心を示す行動が観察されています。なぜ赤ちゃんには人への関心が強いのでしょうか？　理由は、赤ちゃんが自分では何もできず生存のために他者が絶対必要だからです。

赤ちゃんは、起立も移動も摂食も全て自分ではできない未熟な状況で誕生します（ウマとは大違いです）。「生理的早産」*といわれます。誰かの保護が生存には絶対必要なのです。赤ちゃんの人への敏感で強い関心は、生存に必須な保護を確保する戦略ともいえるものなのです。赤ちゃんの可愛らしい顔や微笑もその一端で、おとなは「可愛い！」と思わず惹き付けられ、何かしてやりたいと傍から離れ難くなります。未熟でか弱いことは、逆説的に人を動かす力をもつ有能な存在なのです。

＊人間の赤ちゃんがウマのように十分成熟して誕生しない、生理的早産は、ヒトの脳の大型化と直立姿勢が子宮腔／産道を狭くし、胎児が狭い産道を出られるぎりぎりの時期に誕生することになった結果です。未熟で誕生することは「大脳の発達／直立姿勢→子宮／産道の狭隘化」という進化の産物です。

泣く以外にクークー、アーアー、ブワブワといった音を赤ちゃんは出しますが、これはその後の音声言語の基盤です。赤ちゃんの構音可能性――いろいろな音が出せることも進化的基盤あってのものです。四つ足から二足直立の姿勢になった時、口や唇やのどの構造と機能も変化しました。四つ足動物では、口は食べる／音を出す以外に物をとる／くわえて運ぶ役割ももちますから、それに便利なように（人とは違って）出っ張った格好なのです。人は直立によって前肢が空いて「手」になり、物をとり運ぶ機能は口から手に移ったことで、口の形態／構造が動物とは違った形に変化して、いろいろな音をつくり出す構音能力が格段に高まりました。

このように人間の音声言語の発達には進化的基盤を無視できません。チンパンジーに熱心に音声言語を教えようとしても容易に成功しないのは、チンパンジーの口辺の構造のために構音可能性に限界があるからです。発達の特徴にも制約にも進化は深く関わり、人間の特徴はその基盤の上に成り立っています。

発達になぜ環境が重要か？——生理的早産の宿命

人類の進化の産物である生理的早産は、人間の発達にとって生後環境の影響を極めて大きくしました。ヒトの宿命であり特徴です。このことは同じ哺乳類のウマと比べれば歴然です。ウマは母胎内でほぼ完全に成熟して誕生します。子馬は自力で歩き食べる、つまり「一人(馬)前」です。従って生後育てられる必要はありません。これに対して人間の赤ちゃんは母胎内で発達が完了しておらず、多くの発達が誕生後に持ち越されます。そこで誕生後の環境——どの時代、どの社会で誰がどのように育て何を教育するかが、子の成長発達の内容や特徴に否応なく影響することになったのです。

このことを端的に示すのが競馬です。スタート前に延々と流される馬の紹介情報は、当の出走馬ではなく大半がその親についてです。「母馬もダービーで優勝」だの「父も菊花賞をとった」などです。出走する馬の成績はひとえに血統、その親からの遺伝にかかっているからです。親の育て方ではないのです。もちろん人間も遺伝要因は無視できません。けれどもウマと違って、たとえていえば人間の赤ちゃんはいまだ柔らかな粘土――いかようにも成形しやすい状態です。この可塑性のある子どもの発達が真空の中ではなく特定の社会、文化の中で長期にわたって展開するのですから、遺伝の影響がまるごと現れるものではなく、育つ／育てられる環境が発達の方向や特徴づける部分が大きくなるのです。

人間の発達と環境――双生児法研究が明らかにしていること

人間の発達の規定因として遺伝と環境はどのように関与しているでしょうか？　この問題は双生児法によって明らかにされています。一卵性双生児は遺伝的には全く同一ですから体つきも性格もよく似ています。けれども、この二人でさえ性格や行動などは全く同一ではなく、その発達には環境の影響は決して小さくないことを示唆しています。

環境には、双生児二人の共有(している)環境――家庭の経済条件、親の性格や態度、居住地域などと、非共有環境――二人が別々にもっている環境要因、たとえば隣席になった子ども、担任教師、どのクラブに入ったかなど――があります。一卵性双生児と二卵性双生児とを比べ

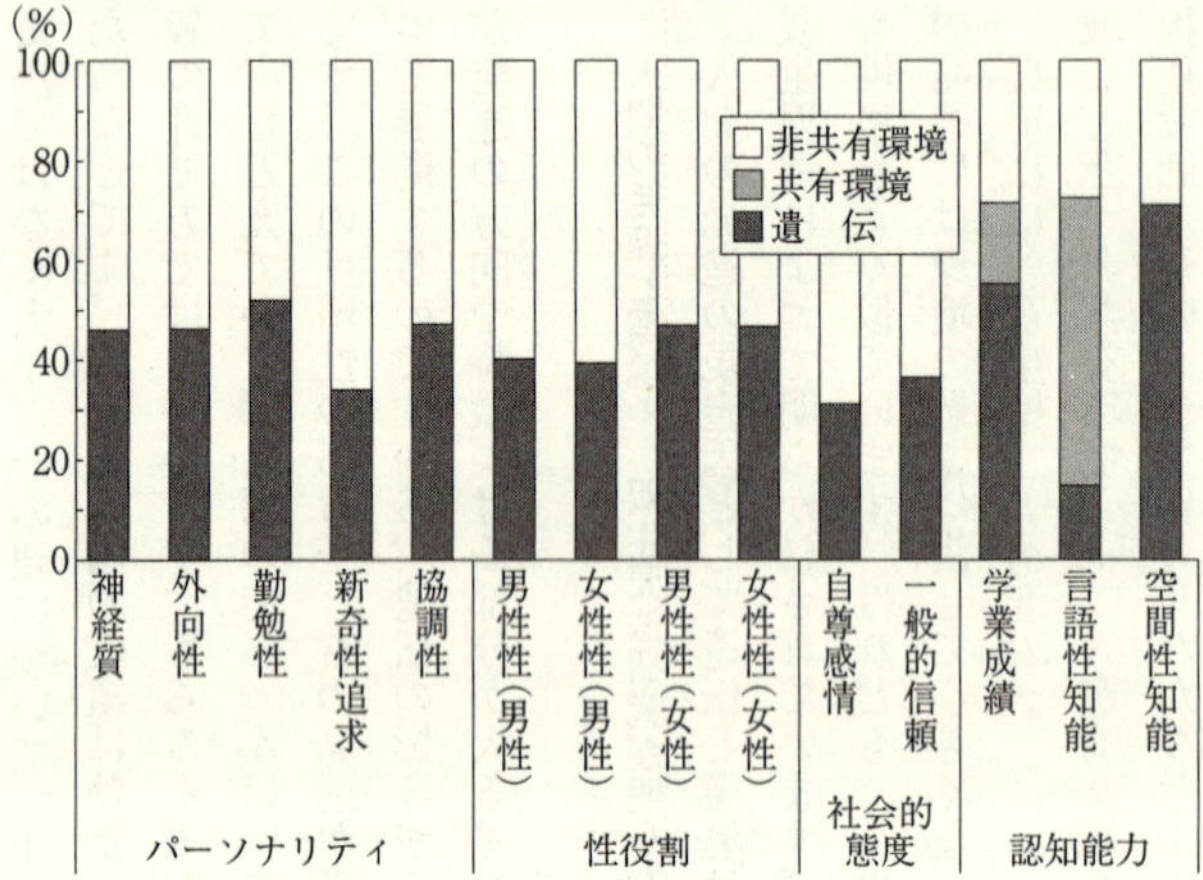

図 1-2　心理的形質に寄与する遺伝と環境の影響(安藤，2011 から)

ることで、遺伝と環境の影響はより分析的に明らかにされています。図1-2は、最新の双生児研究の成果から、身体的特徴から知的な面、性格、態度などの特性についての結果のごく一部を取り出したものです。

どの面かによる違いはありますが、神経質、協調性など人間ならではの個性ともいえる面は、遺伝の決定力は小さく環境によって決まる部分が大きいことがわかるでしょう。また、遺伝子は一人歩きするものではありません。環境によって発現可能性もその強度も違ってくる、つまり環境次第なのです。

ここで注目したいのは「非共有環境」の意味です。これは双生児の一人がもう一人の双生児とは違った環境をもつ、その影響です。これには、担任教師や隣席の友人のように外部から決められる運命的な環境もありますが、それだけではありません。自分から友人を選ぶ、勉強や趣味活動の場を探して決めるなど、能動的に選択決定した結果の、他とは共有しない環境も少なくありません。

環境を自ら選びとるには、自分にとって何が重要かの基準をもっていることが前提です。後述しますが、「なりたい自分」を目標として自分を鍛え成長させる人間の発達の営みに通じるものです。

発達の方向と特徴を決めるもの――生育する環境／社会の役割

規則性や特徴をもたらしているのは、進化や遺伝を基盤に誕生後の環境が大きな役割を果しています。未熟で生まれる子の発達は生後環境の中で展開されるからです。先に年齢や時間そのものではなくその中味が重要だと述べました。どのような「石の上にも三年」間であったか、どんな体験をしたかが問題で、その体験の中味が発達という変化にある方向や規則性をもたらすのです。一例を挙げましょう。

子どもの知的能力は知能検査や学力検査で測定され、結果が等しければ知的発達に優劣差はないとみなされます。しかし、それでその子どもの「知的に発達」の全貌が判ったとはいえません。知能検査でも学力テスト（文字や数の理解）でも成績に全く差はなく、その限りでは等しい知的レベルの日米の子どもたちが、その知的能力がどのような性格や行動特徴と結びついているかをみますと、日本とアメリカとではほとんど対照的ともいえる違いがあります。

日本の子どもでは、「持続性」「抑制」(いわれたことをきちんとする/しこしこ努力/時間をかけてじっくり取り組む、など)といった特徴をもっている子どもの知能や学力が高いのですが、アメリカの子どもでは持続性や抑制は知能とは無関係で、自分から能動的に取り組む、人と違ったことをする「自発性/能動性」「独創性」が高知能・高学力と結びついているのです。日米の子どもの「知的に発達」は(知能検査結果は等しくとも)質的に随分違うのです。「知的に発達する」ことの特徴を捉えるには、知能検査や学力テスト成績だけでなく、課題に取り組む姿勢や目標など学習態度や動機づけなどを総合的に捉えることによって浮き彫りにされるのです(東・柏木・ヘス一九八一)。

社会化という発達を方向づけるメカニズム──職業的社会化

このような日本の子どもの知的発達の特徴は何に由来しているのでしょうか。それは日本の社会にある望ましい子ども像/子どもへの発達期待がいろいろな形で子に伝達される、その結果です。社会化という発達のメカニズムです。日本の母親の発達期待は素直/我慢強さ/従順さ/努力に主眼があり、アメリカの母親の自立/自己表現/自己主張を重視する期待とは対照的です。これは今も基本的にほとんど変わっていません。

どの親もよかれと思って子を育てます。この「よかれ」は個々の親の考えであると同時に、その社会に深く根付いている「いい子」像が色濃く反映されています。この「いい子」像が親のしつけをはじめ、学校教育、教科書などを通じて子に伝達され子の特徴を形づくっていきます。何であれ課題に取り組む時、「落ち着いて」「間違わないように」「いわれたことをよく聞いて」といった言葉かけが多いものですが、それは素直に慎重に取り組む姿勢が育まれる素地となり、子どもの学習態度や成果を方向づけ形づくっていくのです。

このメカニズムは「社会化」といわれます。社会化とは、「いい子」像をはじめ社会の価値や規範など文化の伝達ですから、文化化ともいわれます。社会化も文化化も、子どもが未熟で生まれ多くの発達が誕生後に展開する人間において必然的なプロセスです。

社会化／文化化は子どもに限りません。人は一生、生活の中で陰に陽に働きかける社会化の力にさらされています。なかでも職業世界は強力な社会化の場です。新人研修、社員研修、社歌や社訓は、社員として望ましいふるまい方――服装、言葉遣い、つきあい方等を身につけさせる職業的社会化です。アフター5の「飲みニケーション」はフォーマルな社員教育以上に効果的な社会化の場です。そうした職業的社会化の結果、見るからにＭ商社マン、Ｔ大学の教授、医者、Ｊ党代議士、しにせの若旦那などと、職業や地位をおよそ見当がつくほどそれぞれの職業世界の人らしくなっていくのです。職業世界で陰に陽に受ける社会化の産物です。

人間はみな「時代の子」――いつ／どこで生を受け育ったか

発達が生育環境によって規定され特徴づけられる様相は、知的面から感情、社会性、性格など広範囲にわたって発達心理学や文化心理学が明らかにしています。環境とは、国や文化の差だけではありません。時代も重要な環境です。

図1-3は一九五二年と一九八二年のオランダ人の知能検査結果ＩＱです。一見して、一九八二年のＩＱが三〇年前より格段に高い方に分布しているのがみてとれます。報告者の名に因んでフリン効果といわれ、時代による知能の変化／差として注目を集めたものです。しかしこのデータは、一九五二年頃はオランダ人の知能が低く、三〇年後に知能が高くなり天才級の人が格段に増えたことを意味するものではありません。この三〇年間にオランダ社会で生じた教育の普及や家電／通信手段機器の普及など生活体験の変化が人々の行動様式に影響し、素早く回答する／記号の操作／要点を覚えるなど知能検査に有利な力や態度が人々の身についた、それが知能検査

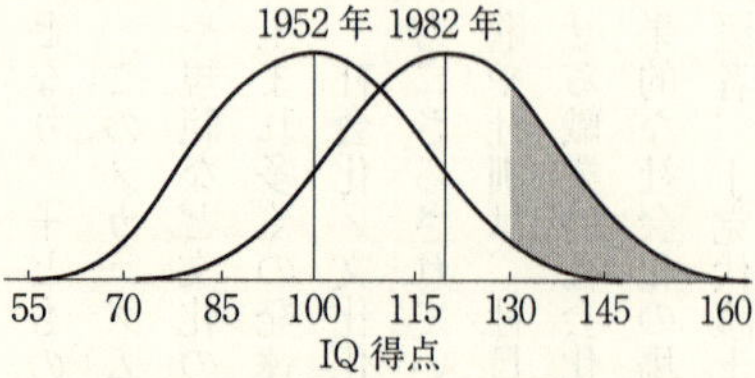

図1-3　30年間のIQの大幅な伸び(オランダ)(Flynn, 1998)

結果の差をもたらしたのです。これは人間の発達がどこで生まれどんな体験をするかに規定されるものである以上、何の不思議もありません。

識字率に国によって大差があることも、女性の識字率が男性より低いことも、ある民族や女性の能力そのものが劣っていることではなく、経済レベルや教育普及の程度やジェンダーの差に由来するもので、これもフリン効果と同様の現象です。身近なところでは、日本の子どもが小学校入学時に「ひらがなが全部読める」のは今日当たり前ですが、四、五〇年には自分の名前が読めて書ければ上等でした。このコホート差*もフリン効果に類するものです。

*同時代に生まれ特定の時代経験を共有している人々、つまり同時代集団。発達が生を受け育つ環境によって影響を受けることに注目した場合、重視される。

社会の急激な変化は発達環境の激変に直結しており、その時代がどのような能力を必要とし不要とするかがその時代人の能力を特徴づけているこ

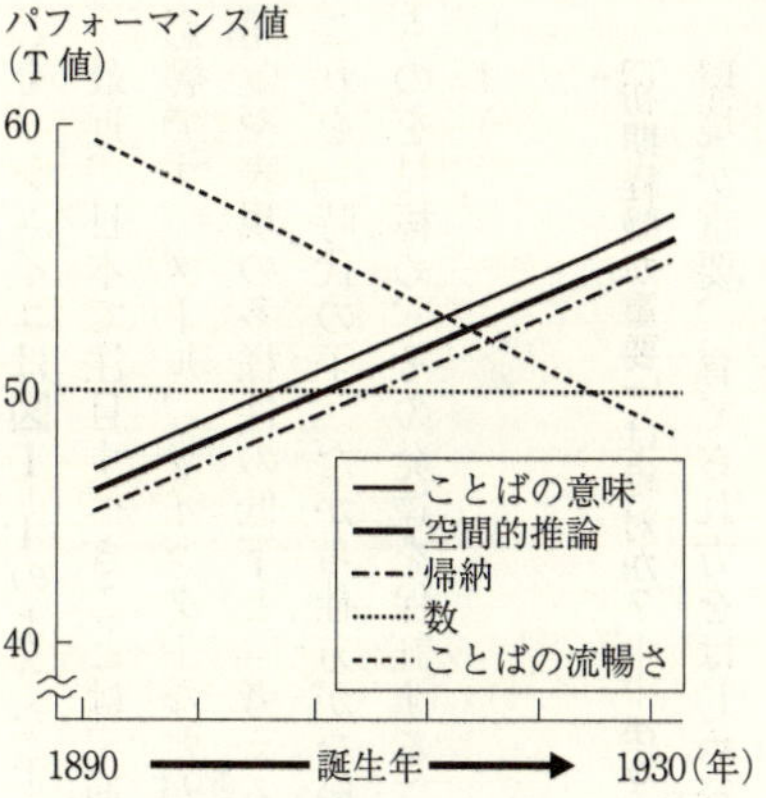

図 1-4　53 歳時のモデル図：生年によってどのような能力に長けるか(Shaire, 1983)

とを、シュイユは図1-4のようなモデルで示しています。

最近、日本で注目すべきことは、通信手段の激変がコミュニケーション能力の発達に及ぼす影響です。メール、ツイッターなどが主流で手書きの手紙はおろか電話さえ稀になった状況は、語彙や表現の多様性の低下と「考える葦」としての思考能力を脅かす危険性をはらんでいます。これを「時代の子」だから仕方がないと放置できるでしょうか。人間として失ってはならないものを見極め、その発達を保証することは教育の課題、教育するものが担うべき重要な役割でしょう。

「初期経験が重要」は絶対か？——後々の教育の力と自ら育つ力

環境が重要、育てられ方をはじめ経験が大事、それも幼少時の環境や経験が重要だとよくいわれます。「鉄は熱いうちに打て」と。誰にどう育てられたかの影響は、未熟で他者に全面的に依存している時期ほど概して大きいものです。けれども、この初期経験で一生がすっかり決ってしまうものではありません。はじめがよかったから後々までいいとは限りません。

八人の子どものかな文字習得過程をみますと（図1-5）、最初の状況と後々の発達が必ずしも対応せず、発達のテンポは人ごとに異なるものの、最終的には初期の差はほとんどなくなって同じレベルになっていることが見て取れるでしょう。先手必勝とは限らないのです。

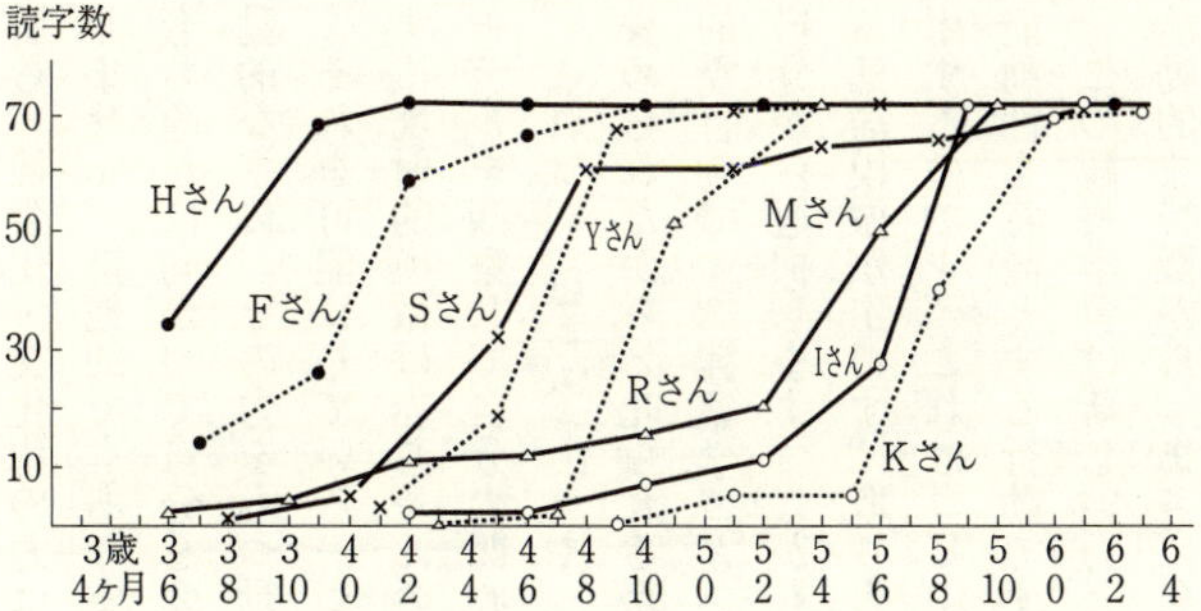

図 1-5 8人の幼児のかな文字の読みの習得過程(天野, 1994)

親に遺棄され重度の発達遅滞で発見された子どもが、綿密な教育計画と愛情あふれる養護によってほぼ完全に回復したケースは、後の教育や環境によって初期環境の劣悪さによるマイナスを克服できることを示す例です。

発達の遅滞や問題を是正するのは教育だけではありません。ふと気づいたら、「(自分は)いわれたことだけしてきた」「このままでは大変」「○○をしよう」と、「なりたい自分」に目覚めてその方向に努力することは、子どもでもおとなでもいつでもあり得ることです。この発達の主体としての自覚と自分を変える努力は、環境の影響つまり社会化の圧力を超える、人間ならではの発達です。

社会化を超える——社会化にあらがう

発達は社会化だとすると、生を受けた時代、国、家庭によって発達は圧倒的に規定されてしまうとの印象をもたれるかもしれません。人は真空の中で育つのではありませんから、社会化・文化化の力は無視できません。けれどもその力は決して圧倒的でも絶対でもありません。排他的でもありません。社会化を無批判に受動的に受け入れず、自ら発達の目標をもちそれに向かって自分を変えていくのも人間です。人は自らの発達を方向づけ特徴づける能動的な主体、その力をもつ動物です。

それを可能にしている一つが人間のもつ高度な模倣能力です。眼の前のおとなの表情を模倣する反射的模倣は赤ちゃんの時からありますが、この後、能動的で選択的な模倣が現れます。モデルを観察して自分の関心や必要に叶うものを選び出して取り入れ、再現します。

これは、「ほらみて」「やってごらん」など誰かにいわれてではなく、全く自発的に生じます。誉められたから/叱られるからといったアメとムチの外的なコントロールとは違う自発的自律的な行動です。観察学習といいます。その対象(モデル)も取り入れる情報(動作や表情など)も、自分から選択します。しかも観察したその場でその通り再現するとは限りません。後で再現する延滞模倣が主です。取り入れた情報を自分の中にストックしておく、それを適当な場面で活用するのです。これはコピーとは全く違う人間だけにみられる高度な能力で、自発性―選択―能動性を特徴とする行動です。

この観察学習は新しい力と心の獲得、つまり発達に大きな役割を果しています。その自発的能動的な特徴から、まさに発達の自己制御といえるでしょう。カナダ辺境のヘヤーの子どもたちは、狩猟から調理などおとな並みのスキルをもっています。どうやってできるようになったのと尋ねると、異口同音に「自分で覚えた」と答えます。実際、おとなたちは子どもに教えることはほとんどなく、子どもはおとなの傍らでじっと見ては試してわざを身につけているとのこと。観察学習の名手なのです（原一九八九）。人間ならではの観察学習を縦横に駆使して発達しているのです。

将来展望する人間は社会化を超える――理想自己を目標とする自律的発達

コピーとは違う観察学習では、モデルから正反対の意味を受けとめて自分の行動目標にすることもします。しごとや配偶者に不平や不満をいう親の姿をみて、「ああはなりたくない」と親とは正反対の生き方やなりたい自分を考える子どもは少なくありません。これもコピーではない学習で、逆モデリングとでもいえる人間ならではの発達です。

ところで、「なりたい自己」は、人間が過去／現在／未来にわたる時間的展望をする、その産物です。多くの動物が現在と少しの過去の中で生きているのと違って、人間ははるかな過去、歴史から自分の昔の体験まで想起します。同時に、未来を見据え未来をどう生きるかを考えます。そして現実の自分を見直し、なりたい未来の自分――理想自己を思い描きます。この理想の自己像を「絵に描いた餅」に終らせず、それを実現する行動の原動力と目標とすることが社会化を超える人間の発達につながります。

人は育てられその影響を受けます。しかし同時に「なりたい自分」を志向して自らを育て／育つのが人間です。人が「時代の子」であると同時に、「時代をつくる」ものでもあり得るのはこのためです。

親に遺棄され著しい発達遅滞の子どもが手厚い養育によって発達の遅れから回復したのは、綿密な教育プログラムと愛情溢《あふ》れる養育によるところ大です。しかし同時に、その子ども自身が「自ら自分を育てた」ことも無視できません。青年期になった時、現在の自分について考え、自分の欠点を自覚して「どうなりたいか」の目標をもちます。そしてその目標実現を目指して丹念な計画を立ててそれを実行する努力を重ねて、その目標を達成したのです。誰からの指示でも強制でもなく、理想の自己を構想しその実現への主体的努力によって自らを育てている姿は感動的です（藤永ほか一九八七）。

『性格はいかにつくられるか』（岩波新書、一九六七）という本があり、人間の発達は環境に大きく規定されるとの社会化の視点から、性格に及ぼす親のしつけや教育など環境の影響について書かれています。もちろん、それは誤りではありません。けれどもそれだけで性格はつくられてしまうものではありません。社会化とは全く異なるメカニズムがあるのが人間、理想の自己を目標に能動的自律的に自分を変化成長させていく発達の自己制御を見落としてはならないでしょう。

「選択—最適化—補償（SOC）」とは

先に、消失／衰退はより高次な能力への転換と表裏をなす発達の重要な面だと述べました。何でも手当たり次第丸暗記せず、自分の必要や関心を基準に選択する（S）、記憶手段を工夫し駆使して努力する（O）、弱まり消失した機能を補償する（C）は、発達の能動的な自己制御です。

選択（S）—最適化（O）—補償（C）とは、具体的には、①自分にとって最も重要な目標に焦点を定める、②自分がしたいこととしたくないことがわかっている、といった明確な自己認識をもつ、ある目標が自分に困難になってきたら、どのような目標なら達成できるかを考える柔軟で積極的な対応、③目標を選んだら、そのための努力と工夫をいとわない、④うまくいかなくなったら、別のやり方を探す、⑤しかるべき人に相談したり本を読んだりする、など、多様なリソースの活用です。

「自分ができること＝自分でコントロールできることとできないことを見極める、自分ができることに全力を傾けて努力する」を信条とした生き方（松井秀喜、『朝日新聞』二〇一二年一二月二九日）は、まさにS—O—Cという自己制御といえるでしょう。動物に新しい能力を身につけさせるには、基本的には訓練者が目標を決定し、アメとムチを駆使しての訓練であるのとは大違いです。

人間は自分が「これ!」と思ったことを人からの指示や強制——アメやムチとは無関係に、自分から試み身につける能動的学習者です。子どもはごく幼少時から誰からも指示なしに全く自発的に外界に働きかけ、新奇なものを探索して知恵や力を獲得しています。自分の理想や目標をもつことができるおとなでは、人からの指示や社会化によらず、能動的・自律的行動、発達の自己制御は子ども以上に可能です。しかし、日本の現実はどうでしょうか。次章以下でそれをみてゆくことにします。

第2章
おとなの知力とは
——子どもの「知能」とおとなの「賢さ」——

知能は、子どもにおいて著しい発達をみせ知能検査得点は青年期にピークを迎える。その後、知力はどのように発達していくのか。おとな以降も発達すること、社会・文化の中で特徴づけられていく認知的社会化の様相、日本の発達の特徴と問題を考える。知能検査でわかること/わからないこと/おとなの経験知/頭のいい人とは(賢さ/叡智)/時代効果(フリン効果)などについて、社会文化的視点も加えて考える。「年は争えない」「年の功」「今どきの若い者は——」など発達の素朴理論の言説についても検討する。

知力はどのように発達するか——知能検査でわかること

知的能力といえば知能検査と連想される方も多いでしょう。知能検査は知的能力の個人差をみようと開発されたものですから、知力の発達をまず知能検査得点でみるのは一法です(図2-1)。

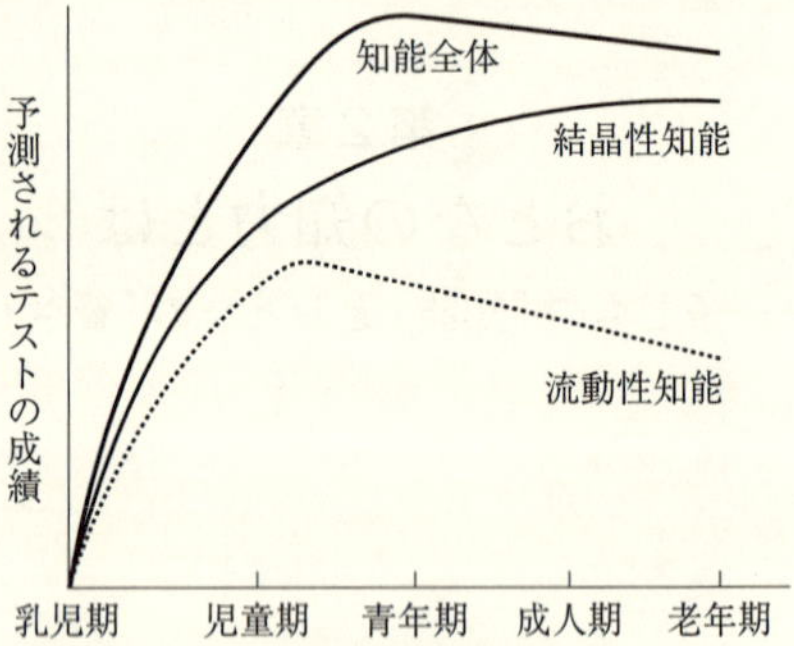

図2-1　流動性知能と結晶性知能の発達的変化のモデル(Horn, 1970から)

知能の総合得点は一八歳ごろまで伸び続け、その後ゆるやかに低下します。この限りでは、おとなの知力は子どもや青年に及びません。しかし、迷路や積み木構成などで測定している流動性知能と、語彙の理解と表現などの言語能力や一般的知識を測定している結晶性知能の二つに分けてみますと、年齢にともなう変化は異なります。

流動性知能は青年期がピークで以後は低下しますが、結晶性知能はおとな以降も衰退せず伸び続けています。流動性知能は一定の時間内にどれだけ沢山できたかで測定されます。「早く/沢山」できるのが高得点です。この類いの能力低下は脳の衰えによるので不可避だと考えられていましたが、最近の脳研究は、高齢期でも経験や訓練によって脳に変化が生じ流動性知能も変化向上することが判ってきています。

知力の個人差をどう捉えるか——一般的知能と実践的知能の関係

一般に知的能力の個人差はＩＱで示されますが、それでは不十分です。実際、学校ではあまり冴えなかった人、勉強が好きでなかった人が、しごとでめきめき業績を上げる例や、近隣や友人仲間で力を発揮し人望がある例は少なくありません。知力をどのような課題場面で発揮されれ有用かという点から捉えるには、一般知能と実践的知能のどちらが高いかをみるのも一法でしょう。

また知能検査には、言語的課題とパズルや迷路のような非言語性の課題があり、言語性／動作性別の知能指数が算出されるものがあります。全課題でのＩＱは同じでも、言語性知能は高いのに迷路や積み木模様つくりなど動作性の課題成績はふるわない子もいれば、その逆の子も少なくありません。おとなでも全く同様です。言語を駆使しての課題では有能だけれども、体をつかっての課題は不得手な人、その逆の人、直観的課題は得意ですが、理論や抽象化は不得手な人、などなどいわば知力の質の差があります。これを考慮しないと、教育や将来の目標さらに専門などを誤ることになりかねません。

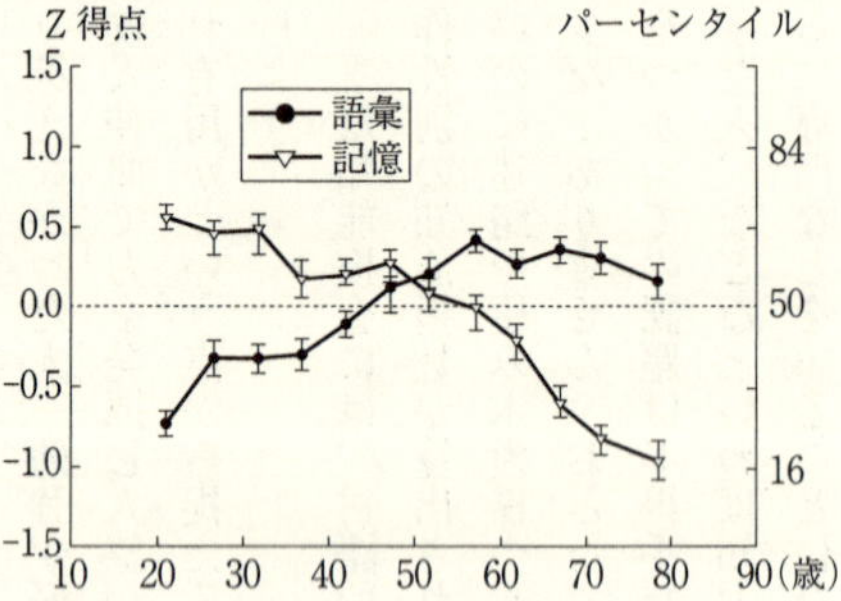

図2-2　年齢群ごとの認知課題の平均値と標準誤差(Salthouse, 2004から)

言語の発達とは――「考える葦」であるための言語

知的能力の中心ともいえる言語と記憶について少し詳しくみましょう。図は言語と記憶の発達曲線ですが、二つは対照的な年齢推移を見せています(図2-2)。

語彙《ごい》は言語能力の端的な指標ですが、おとな以降も増え続けます。さきに結晶性知能がおとな以降も伸び続けていることをみましたが、それは語彙をはじめとする言語能力の発達に負っています。語彙の増加は学校教育によるところ大ですが、それでピークにはならず、その後のしごとや多様な人との交流と経験が一層豊富にします。

言語の発達は語彙の増加という量的なものだけではありません。量よりも質――表現の質、状況に応じた多様性が重要です。

言語には二つの役割があります。一つは、自分の意思を伝え相手の意思を知るコミュニケーションの道具としての役割です。もう一つは自分の思考を深めまとめる役割です。子どもがひとりで遊んでいる時、「エーっと、今度は赤で……」「大きすぎてダメだ」「こっちがいいかってていることの確認や疑問、今後の進め方などの言語化です。

自分がやっていることの確認や疑問、今後の進め方などの言語化です。

おとなはこうしたことを普通は声に出さず内言化*しています。でもちょっと混乱した時や危急の時などは「これはダメか……」「それよりもあれを……」など思わず声に出して（外言化）いるものです。自分の考えを整理し何をすべきかの方針を確認し指令する思考の道具としての言語です。これは「考える葦」である人間ならではの言語の機能です。

*声に出さずに心の中でことばをいうこと。他者への伝達ではなく自分の考えをまとめたり自分に指令したりする役割を果たすためのもの。つまり思考の道具としての言語。

社会言語学者バーンスタインは、知的発達は子どもの言語環境によって規定されるとの仮説を出しました。子どもを叱る際、「ダメ！」「こら！」などと言ったり叩いたりするのではなく、「××だからダメ」「そうすると○○になってしまう」など、なぜそうすべきかの原因と結果を伝えることが大事、という考え方です。また、状況に応じて語彙や表現を使い分ける柔軟なスタイルも大事だと考えました。この仮説は、アメリカでも日本でも実証されており（東・柏木・ヘス一九八一）、豊富な言語環境の中で子どもはものごとをよく見、考える力が養われることが明らかに示されています。

言語の発達と時代——コミュニケーション・ツールの発達の影響

このような言語の機能を考えますと、語彙が豊富なだけでは不十分なことは明らかでしょう。的確な語彙の選択やものごとの時間的序列、因果関係、規則性などの表現が必要です。「今どきの若い者は……」といった慨嘆や批判の中には、言語表現についてのものが少なくありません。「スゴーイ」「やばい」「○○させて頂きます」など、同じ語の繰り返し、不適切な敬語、論理的でないなどの傾向が確かに目立ちます。言語というものは生き物ですから、時代によって変化するのが常です。それも一つのフリン効果(一六頁参照)でしょう。

けれども、言語は単に他者とのコミュニケーションの道具ではありません。「伝わればいい」では済みません。相手とよい関係をつくる、さらに論理を使った緻密な思考のための道具、従って言語の発達は知力の発達そのものであることを考えますと、昨今の言語事情は看過できない問題です。

「便利」「早い」と普及しているケータイ、スマートフォンでの短い表現には、豊かな語彙や状況に応じた柔軟な表現は望むべくもありません。緻密な思考や論理も不在がちです。ケータイの使用頻度が高いほど、大学生の語彙レベルは中学生並みだとの指摘もあります。

これは大学生に限ったことではありません。通信機器の発達——便利さの追求によって大事なものが失われ、「考える葦」である人間ならではの力の衰退になりかねません。このことを自覚しこれを補完することは家庭や学校教育の課題、個々人も心すべき課題です。火急でないことは努めて手紙にする、本を読んだらメモや要約を作るなど、自分の手と頭を使うことを勧めたい。手間ひまかける言語活動が考える力を育み、脳を活性化させより深い思考を可能とするからです。

おとなの記憶の発達——「選択―焦点化―補償」のメカニズム

「物覚えが悪くなった」「ド忘れする」などと、記憶力は加齢とともに衰退すると人々は体験的に信じています。これは本当に記憶能力の衰退なのでしょうか。「年は争えない」ものなのでしょうか。

先の**図2-2**にも、記憶テストの成績は二〇歳以降、下降しはじめ、六〇歳以後の衰退が著しいのは歴然です。記憶は加齢とともに衰えるとの実感を裏付けるかのようです。しかし、これをもって記憶能力は年をとるとダメになるとするのは誤りです。図の記憶成績は「早く／沢山」覚える力を測定したもので、この限りでは加齢とともに低下します。しかしこれで記憶力は衰えたとはいえません。

おとなは「早く／沢山」記憶する力の衰えをカバーする方策をいくつも編み出しています。丸暗記はしない、自分に不要のものは省く、捨てる、重要なものに焦点化する、などの工夫をしています。これはコピー機にはできないこと。おとなならではの発達です。

同じ文章を読んでその要約を作ってもらった内容を分析しますと、若者と高齢者では違いが見られます（図2-3）。若者は、文章にあった情報を多く捉えて分析する点では高齢者より優れていますが、高齢者は個々の情報を逐一覚えるよりも、それらを総合的に理解してまとめることが多いのです。加齢とともに、情報を選択しそれに基づいて総合的に考えまとめる力が強まっていくといえるでしょう。

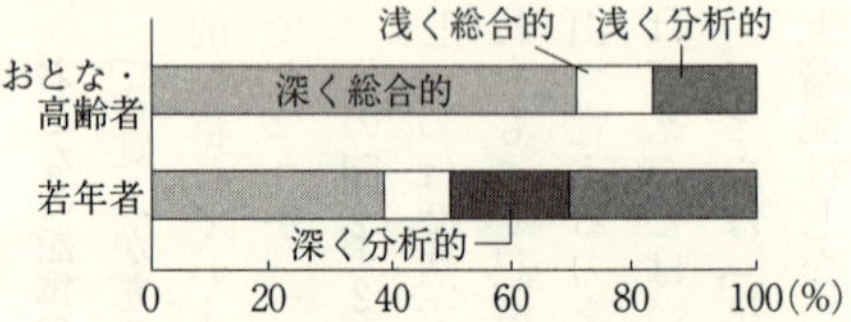

図 2-3　文章の把握—若年と高齢者の比較
（Adams *et al*., 1997 と鈴木，2008 から）

「忘れる」のは意味ある発達——エネルギーの有効活用

物覚えが悪くなったと自覚すると、何でも手当たり次第に覚えることはもうしません。忘れるものはそれでいいと開き直る、そして記憶するのは自分にとって重要なことに限りそれに集中します。忘却は消極的な変化／衰退ではありません。限られた能力の浪費を防ぎ、自分に必要／重要なものを選択しそれに焦点づける、エネルギーの有効活用です。手当たり次第の丸暗記に代わって、能動的積極的な記憶方略を用います。メモをとる、意味づける、イメージや記号に置き換えるなどによって、ワーキングメモリー*の中に安定して保持するようにします。「忘却する力」(外山滋比古『忘却力』みすず書房、二〇〇八)はより高次な能力の発達への助走です。

*情報を一時的に保存しておく短期記憶のこと、作業記憶ともいわれる。

これは「選択―最適化―補償」というおとなならではの発達の優れた特徴です。それまでの機能の衰退の自覚に基づいて、課題の選択、工夫と努力を重ねて以前とは違った方法を編み出して欠点を補う、極めて能動的な営みです。

とはいえ、これはおとなら誰にでも自然に起こるものではありません。以前よりできなくなったことを、「もうダメだ」「年だから」と否定的に受けとめて放置してしまえば、この発達は起こりません。加齢とともに経験する心身の力の限界や弱みを自覚しつつ、少しでも進歩したい、新しいことを知りたい、できるようになりたいと意欲を持つかどうかにかかっています。そしてどんな自分になりたいかという自己認識が、おとなの発達を左右します。

日本の社会には、とかく失敗を回避させるような風土があります。「間違わないように」「失敗は許されない」「大過なく」の類いのメッセージは学校でも職場でもしばしば耳にします。多少の失敗や間違いはあってもチャレンジを、という欧米の風土とは対照的です。「年甲斐もなく」「年相応に」との言葉(年齢規範)も、加齢とともに控え目にふるまうのがいいという失敗回避の文化的風土、そして年齢で生き方・ふるまい方を決めてしまう風土です。これらは、おとなが自らの目標をもって発達することを妨げています。

ところで、加齢にともなう知能の変化にも時代による差があり、時代が下がる(現代に近づく)ほど高齢期の知能低下は概して小さくなってきています。その結果、青年とおとなの知能のギャップは以前より小さくなっています。なぜでしょうか。

同じ六〇歳でも、昔と今とでは生活環境や教育/労働条件などが異なり、近年ほど知的発達を促す環境条件や経験が豊富だからです。知的能力というものは使用しなければ衰えます。刺激がなければ発達はストップします。昔なら隠居していた年齢の人が今は現役で働き、新しい知識や技能を学ぶ必要があり勉強している、こうした状況が加齢にともなう知的能力の低下を防ぎ、むしろ発達を進めています。

どの時期にも知能には個人差がありますが、おとな以降はこの個人差が一層顕著になります。加齢とともに環境や経験に個人差が大きくなるからです。一定の経済条件があり心身の健康にも恵まれている場合には、外出や交際など体も頭も使う積極的活動が多く、そのことが知能低下を阻止するばかりか、活性化させ向上させることになります。

職業からの引退や交際範囲の縮小は避けられず、衰退を招くことになりがちな高齢者を対象に、頭と体を積極的に使う課題――脳トレが高齢者施設などで行われています。結果は、「不使用―衰退」の悪循環を断ち切り、能力を使用し活性化させる効果が確認されています(カワシマほか二〇〇〇)。

知能を考え直す——「頭がいい」人とはどのような人か

知能検査で見る限り、領域による差はあるものの「加齢は知力の衰退」との印象は拭《ぬぐ》えません。けれども現実世界には、年齢を感じさせない高い業績を上げている人がどの分野にも少なくありません。「年の功」の知力を認めざるを得ません。

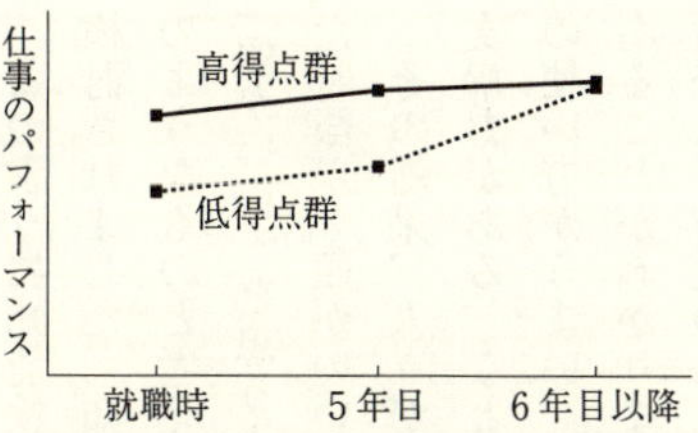

図 2-4　就職時の一般的能力検査得点と仕事の「でき」(Schmidt *et al.*, 1988)

この知力は知能検査では捉えられません。知能検査と同じタイプの入学試験や入社試験の成績と、入学／入社後の成績との関係をみますと、二つの成績はほとんど相関していません。入社試験成績の高かった人は入社当初の業績は高いのですが、数年後の業績では入社試験成績の差は消滅しています(**図2-4**)。

入学試験や入社試験はのみ込みの早さや要領のよさを捉えていますが、専門の知識や技能の成績という能力は捉えていません。知能検査の類いで測定しているのは「知」のごく一部で、職業体験や社会生活の中で身につけたり発揮したりしているのは別な能力なのです。実践的知能、実用的知能といわれます。

このように知能検査がおとなの知力を十分に捉えていないことから、改めて知力とは何かが検討されました。知能心理学者スターンバーグは、一般の人々が「頭がいい」ということをどのようなものと考えているかを調べました。スーパーマーケットに来ていた人々に「あなたが「頭がいい」と思う人はどんな人でしょう、どんな特徴をもっていますか」を尋ね、挙げられた特徴が「頭がいい」と判断する上でどれ位重要かを分析しました。

その結果、人々が「頭がいい」と考えているものは、論理的に考える、語彙が豊富、勉強家、文章力がある、など言語能力を中核とした一般的知能にあたるものと、事務能力がある、時間の使い方がうまい、状況判断が的確、計画性があるなど、日常生活で発揮される実践的能力であることがわかりました。この実践的能力は、従来の知能検査では測定されていません。知能検査は、一般の人々の考える「頭がいい」のごく一部を測定しているに過ぎないことが確認されました。

実践的(実用的)知能とは——従来の知能検査成績とは無関係

この研究も一つのヒントとなり、軍隊や一般企業のリーダーや管理職がもっている能力や資質を検討して実践的知能を測定するテストが作られています。そのテストと従来の知能検査を実施してみますと、実践的知能検査の成績は職業上の業績の高さとは関係していましたが、知能指数ＩＱとは負相関――ＩＱの高い人は実践的知能が低い――でした。つまり、職業上の業績の基盤になっている能力は、知能検査が測定している一般的能力ではなく、職業に固有な知識とその応用力なのです。人々が関心をもつ「知能指数が高い」ことは、職業上の高業績を約束するものではないのです。

実践的知能は職業体験の中で獲得され発達します。しかし、職についていさえすれば、自然に身につくものではありません。問題は、時間ではなくその中味です。「石の上にも三年」といいますが、ただ石に座っているのでは何年だろうとダメ、経験知は獲得されず実践的知能は育ちません。課せられた問題を、いわれたことだけする、その場しのぎの対応で済ませる、終れば片付いた！と忘れてしまう……。これでは実践知は育ちません。既存の体験と知識を総動員して問題の解決にあたる、その経験を将来のために保持するなど、課題への主体的関与と体験、そして学ぶ態度によって育まれます。

熟達化への道――「一芸に秀でる」ということ

スポーツ、芸術、囲碁など特定の領域で並みはずれた高い技能や業績をもつ人たちがいます。この「一芸に秀でる」人々が高いレベルに至るプロセスは、まさに「選択―最適化―補償」の発達過程そのものです。ピアニスト園田高弘が自分の演奏活動の軌跡を記したものにその一端をみることができます（『私の履歴書』日本経済新聞社、二〇〇〇）。「年をとればとるほど、……余計なものがそぎ落とされ、非常な集中が可能となる。……今まで惰性でやってきたところを厳しく吟味するようになって、……」と。

「一芸に秀でる」ことは知能の高さ、ＩＱとは必ずしも関係がありません。また、何も学問や芸術、スポーツなどの専門家に限りません。一般の人々の生き方にも通じるものです。関心をもつものを自分のテーマとして選ぶ、余計なことは省く、選んだテーマに時間やエネルギーを集中する、よく考え努力を積み重ねる、この選択―最適化―補償は、人類がかつて経験したことがない長い人生を私たちが持つようになった今日、全ての人に必要なこと、そして可能なことです。

「頭がいい」「賢さ」は文化によって異なる――知情意が渾然としている日本

ところでアメリカ人の「頭がいい」概念の中核は一般的知能と実践的能力でしたが、日本人について調べてみますと、大分違うのです。アメリカ人では考えられない特性が、「頭がいい」の基準に入っています。「察しがいい」「人の話をよく聞く」「気がきく」「分を知っている」「謙虚」など対人関係上の能力、しかも受け身の社会性が日本人では「頭のいい」のトップで、大きな比重を占めています。「理解力がある」「学校の成績がいい」「知識が豊富」など知的能力は、その後なのです。

よく（あの人は）「知能は高いけれど聡明ではない」「勉強はできるけれど賢くない」などといいます。また「空気が読める」かどうかが問題にされます。ここには、人はＩＱや学業成績が高いだけではダメ、他者への配慮や協調性などの社会的能力を備えていることが大事という人間観が反映されています。

知情意という言葉があり、理性、感情、意思は別な能力かのように考えられがちですが、日本人の「頭のいい」概念は、知情意は分離できない渾然としたものなのです。「空気を読む」ことが重視されＫＹという語までできたのは、日本ならではです。知能指数（ＩＱ）に対してＥＱ感情指数が提唱されていますが、これは知能や頭のよさを知力中心で考えてきた反省に立っての、アメリカならではの批判的な発想、といえるでしょう。

社会化としての知的発達——課題に取り組む姿勢も社会的文化的産物

この「頭がいい」概念は、単にそう思われているだけではなく、そうなるよう人々に働きかけています。他者への気配りと協調性、謙虚で出過ぎない態度が、子どもにもおとなにもしつけや学校や職場での教育などを通じて養成され、日本人の発達を特徴づけています。知的発達とは、文化のもつ「頭がいいこと」「知的である」ことへの収斂《しゅうれん》——社会化なのです。

〈正解図〉

図 2–5　MFF テスト(Kagan *et al.*, 1964)

これには課題に取り組む姿勢、課題解決のスタイルが関係しています。少しずつ違う六個の図形の中から、見本図形と同じものを探す課題(図 2–5)にどう取り組むか――認知スタイルには、大別して二つのタイプがあります。一つは、反応は早いけれどもエラーを多発するタイプ――衝動型。もう一つはすぐ反応せず時間がかかるけれどもエラーは少ないタイプ――抑制型／熟慮型です。

一般に、幼い時ほど衝動型なのが、次第に熟慮型に移行していきます。これはどこの国でも共通ですが、日本の子どもは他国の子どもよりもずっと早く熟慮型になってしまいます。なぜなのでしょうか？

図形の弁別能力に違いがあるからではありません。日本の子どもたちは、課題が出されると答えを思いついてもすぐには反応しない――「これでいいかな？」「間違いではないか？」と自問自答します。これに時間がかかるのです。その上での答えですから、誤りは少ないということになります。これは、間違いは避けて正解をとの圧力を感じていて、「失敗しないように」「間違ってはいけない」との警戒心が強く働く結果です。これと対照的なのがアメリカの子どもです。すぐ反応する衝動型が多く、これが長く続きます。ここには、間違いや失敗をおそれず思ったことを率直に自己表現することに価値をおくアメリカの文化風土が反映されています。

認知スタイルはおとなにもあります。話をしている時、相手の話や質問にすぐ反応する人(衝動型)と、黙っていてなかなか答えず、ややあって答える人(抑制型/熟慮型)がいるでしょう。日本では衝動型の人はおっちょこちょいだとか、気さくだけれど思慮不足などとみなされ、熟慮型の方がよしとされる傾向があります。熟慮型という表現はいかにも「よく考える」との好印象を与えますが、逆にみれば、思ったことを率直に表現しない、失敗回避の消極的な態度で、自由な発想や個性的考えを抑えてしまうことになりがちです。

抑制型/熟慮型志向の学校文化――〝いい〟学校とは?

日本の子どもの熟慮化傾向は小学校に入学すると急激に進みます(臼井二〇一二)。間違わないように、正解を、そのために慎重にとの圧力が学校では強く作用しているからです。欧米から帰国した子どもたちはしばしば「不適応」とされます。すぐに答えて間違うと、「よく考えて」と注意される。納得するまで質問すると、「しつこい」と非難される。その子どもは「自己表現が大事、（わかるまで）質問は当然」と思っているからそのようにふるまっているのですが、じっくり考え間違わないのが「いい子」という日本の学校では、問題児になってしまうのです。帰国児童問題は課題解決態度をめぐる文化摩擦ともみなせましょう。

いわゆる「いい学校」卒の大学生は概して熟慮型傾向が強いものです。指示された課題をきちんとこなすことには長けていますが、自分の発想で人とは違うことをするチャレンジ精神や馬力は弱い傾向があります。

「いい」学校には、誤りを避け正解を求め、課せられたことをしこしこ努力することへの社会化が強いのです。その「いい」学校に入学するには、脱線したり探索したりの勉強ではダメ、余計なことには眼もくれず間違いを避け正解を追求する勉強をしてきたでしょう。こうした長期にわたる熟慮型への社会化が、慎重、勤勉、しかしチャレンジ回避、指示待ち人間をつくり出しています。この種の社会化は職場にもあるでしょう。

知能の働きの質——IQは同じでも知能の働き方に違いがある

知力の個性を知るにはＩＱや知能検査総合得点ではなく、言語性知能と非言語性知能を分けてみる必要があることを述べました。しかしこれでも知力の個性は十分には捉えきれません。学生の指導をしていますと、知能レベルは等しいのにそれぞれが得意な領域、不得手な領域が違うことを痛感させられます。文献の緻密な講読と論理的な思考に優れた人、実験装置の設定やコンピュータによるデータ処理が得意な人、学校や施設など現場での面接や観察データ収集に優れている人、などです。職場でもそうでしょう。知力が発揮される領域が違う、そこで発揮される知力の質——頭の使い方の違いです。

スターンバーグは、いずれもＩＱが一三〇と極めて高い三人のハーバード大学での同級生が、それぞれ別な分野で高い業績を上げた例を紹介しています。一人は精緻な論理的思考が得意で、理系の研究者／大学教授に、大局的概観と総合的理解に優れたもう一人は裁判官に、もう一人は実際的問題への強い関心と理解に優れ実業家にと、それぞれの分野で高い業績を上げている由です。知能の高さ以外に、どのような領域に関心をもちどのような頭の使い方が得手かに個性があるのです。それを自ら知ってなのか、周囲のアドバイスによるのかは不明ですが、知能指数には反映されない知力の特質に眼を向けそれを活かすことが、本人にとっても社会にとっても重要なことを示唆しています。

人の能力には可塑性がある——発達の最近接領域と「適性処遇交互作用」

子どもでもおとなでも、テスト成績と日常生活での行動や成果との間にはギャップがあるものです。人の能力は条件によって変化するものですから、ギャップがあるのは当然です。このの問題をロシアの心理学者ビゴツキーは「発達の最近接領域」として重視しました。どのような条件で成果が上がるかに知力の個性をみたのです。誰かと一緒に作業した時に高成績になる人、ちょっとヒントが与えられればすぐできる人、誰かの作業をみただけでできてしまう人、一人ですることで伸びる人、などです。能力が発揮され育つ条件が人ごとに違う、知力発達上の個性です。

このことは学校や職場での教育や指導法に関連します。誰にとってもベストな教え方や作業条件というものはなく、どのような個性をもった人かによって効果的な方法は違うのです。

これは「適性処遇交互作用」といわれます。対人関係が苦手な人、自分でやることで納得する人、集団の中にいると活性化し力を発揮できる人、理屈を知らないとダメな人など、その人の個性に見合った学習場面や教育法でなければ、いくら熱心に教えても時間をかけても効果は上がりません。教育や指導法の効果は学習者の個性とマッチしているかどうかによる、個性(適性)に応じた処遇―教育が有効なのです。

学校も職場も集団生活が基本ですから、各人に見合った条件を設定することには限度があるでしょう。しかし、適性処遇交互作用のことを念頭においていれば、ある方法や条件での成績だけで、この人はダメとかいいとか評価する危険性は避けられるでしょう。

違いを認める／個性を知る／個性を活かす意味――自尊を育む

このように人の能力が経験の中で変化し発達する――発達の可塑性、柔軟性を考えますと、一回限りの入社試験成績で処遇を決めてしまうことがいかに危険かは明らかです。知能検査のIQに一喜一憂するのも誤りです。いろいろな課題や状況での能力発揮のチャンスが与えられることで、自分が生き生きと取り組め、成果が上がる課題を確認でき、自分の個性について認識を深めることになります。

先の三人の例ほど明白ではありませんが、誰にも「頭の使い方」の得手不得手があり、知力が発揮され発達する条件には個人差があります。自分の個性、同僚の個性、上司の個性を考えてみてください。その人の知性の質が活かされているかどうかは、本人にはもちろんのこと、職場にも大事です。理由は二つあります。第一は、個性が発揮されることで成果が上がること。これは本人にはもちろん、職場にとっても重要なことはいうまでもありません。第二に、自分の力が活かされて成果を上げることは、自信を生み自尊感情を高めることです。

自信―自尊―自己肯定感は人の生存を支える根源的感情です。アイデンティティの基盤です。自分の存在や力が意味あるものだと認識できていることは、成長発達の基盤です。臨床相談に来る人々がよく口にするのは、「自分なんか……」「どうせ私は……」です。これは自己肯定感／自尊感情とは正反対、自分の存在も成長発達することも諦めて放棄した状態です。

一芸に秀でた人の知能指数が必ずしも高くないことは先に述べました。その芸以外のこと――社交性や日常生活上のことは全くダメな人も少なくありません。でも、それで自分はダメだ、生きている意味はないなど自暴自棄にはなりません。むしろ強い自尊感情を抱いています。それは、自分が選び精一杯歩んでいるその一筋の道で成果を上げていることによって支えられています。

成果とは、何でもできるオール5とか、誰よりも一番、社会的に認められる、ということではありません。何であれ「それなら任せて」「これが得意」といえるものをもつことです。自分が選んだ限られた領域で精一杯努力し、自分の納得できる結果が得られた、その活動を楽しめる、それが重要なのです。テーマは職業に限りません。家庭や地域での活動でもあるでしょう。誰にも得手不得手があり、得手の領域で活動できるのは楽しく、成果も上がります。自尊感情を抱き、達成感・有能感を味わえます。これは人が生きる上で最も重要なこと、人間の権利ともいえるものです。

「個性とチャレンジを!」は可能か?――人との違いと失敗への許容性

個性が大事、独創性を、としきりにいわれています。しかしその実現は容易ではありません。きちんとすること、間違いをしないことを促す強い社会化は、個性やチャレンジする心と行動を育ちにくくします。

新しいものへの好奇心とチャレンジする行動は、赤ちゃんの時はどの子にも強いのですが、次第に弱くなってしまいます。「危ない！」「気をつけて」「(それよりも)こっちをやって」「間違わないように」など、好奇心や自発的チャレンジは制止され逸《そ》らされてしまうからです。こうして「失敗を畏れずチャレンジする」ことよりも、「きちんと」「慎重に手堅く努力する」熟慮的態度が身についていくのが日本です。それは、自分の目標を立てその達成のために自分を変化させようとの自己形成という発達を阻むものです。

日本は「皆と同じに」「人並み」といった同調性の高い社会、相互協調重視の社会です。けれども、人はそれぞれ違った特徴をもち、得手不得手があることで世界は成り立ち、社会はうまく回ります。このことを改めて確認して、皆と同じでなくていい、人との違いを堂々と認める、そのことなしに個性やチャレンジを求めるのは不可能です。

熟慮性や同調への社会化はいずれも日本の社会に長く強く働いてきたもので、その意義は決して小さいものではありません。けれども、国際化と社会の激しい変化は同調性や熟慮型だけでは対応しきれなくなっており、個性、チャレンジを求めています。これをどう実現していくかは、日本社会の発達課題だと思います。社会化の内容の再考は必須でしょう。

第3章
感情と人間関係
――おとなを支えるネットワークの発達――

社会的動物である人間にとって、感情の表出／受容、対人関係、他者への／他者との行動は不可欠である。それは進化的基盤をもつからでもある。乳児期から発現している対人的行動が、おとな以降どのように発達していくかを、日本の特徴に焦点を当てて述べる。対人関係や感情の発達が社会化／文化化、職業的社会化としての発達である様相をみると共に、その問題について考える。

進化的基盤をもつ感情と対人関係――社会的動物であるヒト

赤ちゃんが誕生の時から人への強い関心を示すことは先に述べました。人的刺激の視覚的好みに始まり、自分を見ている人の顔や応答的な人への選好、他人の見ているものを自分も見る共同注視などが矢継ぎ早に生じますが、それは無力で誕生した赤ちゃんの生存と成長のための安全装置で、進化的基盤をもっているのです。

感情の発達も人的刺激への敏感さの延長です。喜怒哀楽と怖れ、嫌悪の六種の感情はごく幼いうちから備わっていますが、これも自力では何もできない赤ちゃんの生命を守るための安全装置です。その後、他者との関係が増える中で、同情、共感、傲慢、恥、困惑、自尊心、誇り、罪悪感、嫉妬など、複雑な感情が増えてゆきます。

赤ちゃんならずとも、人間は一人では生きられない社会的動物です。大脳の大きさは動物の社会的対人能力と対応していますが、捕食、分配、調理、住居、一夫一婦制など複雑な社会生活を開発し巧く対処してきた人間の社会的対人的能力は、人間の破格に大きい大脳新皮質を基盤としています。そこで、大脳のことは社会脳ともいわれます。

他者の心を知る／他者と感情を共有する心の発達——「心の理論」

感情の種類の増加以上に重要な発達は、他者の感情がわかりそれに共感することです。寒い、おいしい、お母さんがいなくて怖いなど、自分についての感情はごく初期から生じますが、他の子が泣いているとつられて泣く、母親がにこにこしていると安心して遊ぶなど、他者の感情に対する感情的反応は、感情というものを（自分だけでなく）他者ももっていることに気づく——これを「心の理論」といいます——ことが大前提です。

感情は他者にもある、しかも自分とは違うこともあるのだということを理解するのは、直接みることができませんから難しいものです。いろいろな人と交流し、そこで他者との衝突や思いがけない相手の反応などを経験する中で、そうか！　と他者の心／感情を発見し、自分とは違う他者の心の理解へと向かいます。

動物も他個体の感情に反応しますが、それは自分にとっての危険信号である不快感情に限られます。人間は違います。「心の理論」を獲得した子どもは、他者の快の感情も不快の感情も察知し、それを受け止めて行動します。もらい泣きをする、泣いている子を慰める、自分のことのように喜ぶといった行為は、他者の感情の理解に留まらず他者と感情を共有する、共感と共同の行為です。この「他と共に」という特性は社会的人間の必要から生じたものですが、同時にそのこと自体が人間にとって快の体験でもあります。それゆえに、人間には多様で強固な対人関係が生まれ存在しているのです。

この共感の発達は自動的に生じるものではありません。苦楽悲喜こもごも多様な体験をもつことが必要です。自分が経験しない感情を理解し共感するのは難しく、これは子どもでもおとなでも同様です。

感情表出の発達――社会化／文化化としての感情の発達

感情の発達はその表現法にも生じます。不快なことに出会っても、怒りや嫌悪をすぐ表情や言葉で表さずに抑制するようになりますが、これも「心の理論」によっています。自分の感情表出が他者の心に与える影響を知るからです。おとなでもすぐキレる、手が出る、有頂天になるなど、他者の心を理解しない、いわば「心の理論」の不在かのような人は少なくありません。

幼少期に頭では「心の理論」を理解していても、それがいつもうまく作動するとは限りません。自分とは違う多様な他者との出会いや自他の衝突や解決体験の積み重ねが必要です。何事も自分中心で済んでしまうような偏った人間関係は、「心の理論」は頭の中にあるだけでスイッチオフの状態になっています。「心の理論」の作動不全、一種の発達障害といえるでしょう。ものの豊かさ、通信手段の変化、少子化など発達環境の変化が、子どもにもおとなにも多様な対人体験や自己抑制の機会を乏しくしていることは無視できないようです。

表3-1 ポーカーフェイスの日本人(Shimoda *et al.*, 1978)

		表情写真の人		
		イギリス人	イタリア人	日本人
判断者	イギリス人	60.5%	55 %	35.5%
	イタリア人	52 %	61.5%	28.7%
	日本人	53.8%	55.6%	43.3%
平均		55.6%	57.3%	36 %

ところで、感情の表出については文化差があります。日本人、イギリス人、イタリア人の喜び、驚きなどの表情写真を見せてどんな感情かをあてさせる実験で、日本人の表情が最も理解されにくく、当の日本人さえも正答率は低いのです(**表3-1**)。日本には感情を顔に出すのはよくない、つつしむべきだとの暗黙のルール(感情表出の規範)があるからです。

感情表出はジェンダーとも関係しています。「感情的」はしばしばよくない特徴とされ、特に男性の感情表現は冷静さや威厳を欠くとみなされます。(武士は)「歯をみせてはならぬ(=笑ってはならない)」は今も死語ではありません。他方、女性の感情表現には寛容で、「笑顔がいい」「愛嬌がある」は褒め言葉、泣くことさえも許容されます。このように感情表出ルールに男女差があり、それが感情行動の男性と女性の違いを生んでいます。

他人の感情を敏感に察知して対応する、他方、自分の感情を適切に表現する/抑制するという感情制御の能力は、社会性の発達の重要事項ですが、この感情制御がうまくできない発達障害——アレキシサイミアが増えていることが最近注目されています。この障害は男性に多く、「男らしく」というジェンダー規範と関係しています（林二〇〇八）。強さ、理性的、積極的などの「男らしさ」ジェンダー規範は親のしつけや教育、さらにはメディアによって伝達されるものです。この、男性ジェンダーにこだわり、「男らしさ」に囚われたり混乱している男性に、感情制御の問題がありアレキシサイミア傾向が強いのです。そして自尊感情も低いのです。冷静さ、理性的、独立的などの男性ジェンダー規範に囚われている結果の感情の発達障害、男らしさの病といえましょう。

「空気を読む」文化の功罪——行動の自己制御を阻む

先の研究結果にもみられたように、日本人の感情は表情からは理解しにくいので、内側を察することが必要になります。それが嵩《こう》じて「空気を読む」ことが大事とされ、ＫＹだ＝空気を読む能力が乏しいと非難されもします。このことは日本人の心理に微妙にしかし深く浸透しています。

日本人が「頭がいい」人とみなすのは、単に知能の高さや知識の豊富さなど狭義の知の能力ではなく、「察しがいい」「気がきく」「分を知る」など他者への配慮と自己抑制ができることが「頭がいい」の重要な要件でした（第２章参照）。「空気を読む」「他者への配慮」は日本人の行動の中核ともいえる特徴なのです。

社会的動物である人間に他者への配慮や他者との協調は不可欠です。けれども「KY＝空気が読めない」を問題視し、場の空気や他者の思惑を優先して自分の感情や意思を押し殺してしまうのも問題です。過剰な他への配慮や同調は無理があり、自尊感情の低下やうつを招来します。さらに無気力や自暴自棄に陥る危険性を孕んでいます。

人間は、「他者からいわれたから」「皆がするから」「ほめられるから」と他律的に行動するだけの動物ではありません。アメとムチで訓練される動物とは違います。自分の意思や目標に基づいて、自分の行為を方向づけ進めていく自律的な動物です。この自律性と他者への配慮や協調が排他的ではなく、対人行動と個人の発達を円滑に進める車の両輪になっていることが重要なのです。

加齢にともなう感情の成熟——寛容性の獲得

感情の発達として注目されるのは加齢にともなう変化です。自分の人生を回想する語りの中で現れる感情体験を、喜び、楽しさなど肯定的感情と、悲しみ、苦しみ、嫉妬など否定的感情に分けてみますと、加齢とともに否定的感情の語りは少なくなり、肯定的感情について多く語るようになっていきます(図3-1)。この変化は程度の差はあるものの、日米に共通して見られ

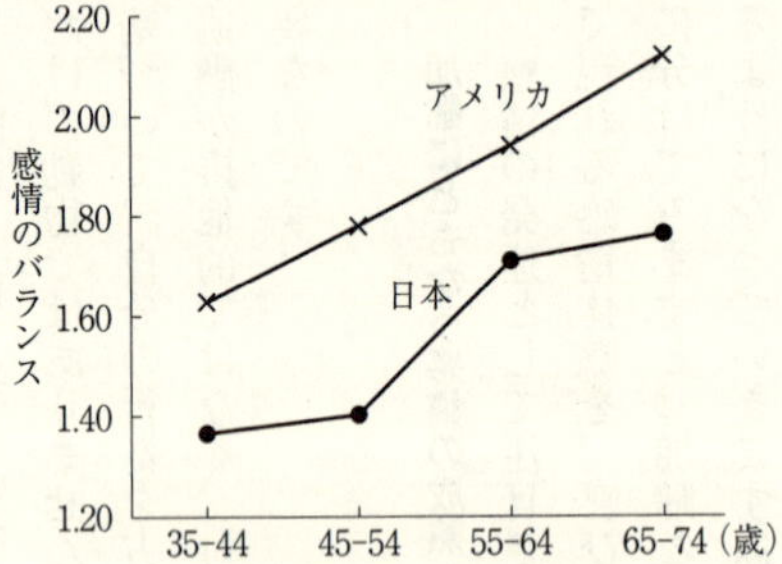

図 3-1　加齢による感情の日米比較
数価が高い方が肯定的感情が多い
(肯定的感情－否定的感情＝数価).
(Karasawa *et al.*, 2011; Mroczek & Kolarz, 1998)

ます。

高齢者は自分史を語るインタビューの中で、異口同音に「五〇歳を過ぎた頃から人の気持ちがわかるようになり、自身の怒りや恨みなどの否定的感情を制御できるようになった」と述べています(守屋二〇〇三)。否定的体験や感情をただ抑圧しているのではありません。やせ我慢や逃避とは根本的に違います。ネガティブなこと・些細なことへのこだわりを捨てる、そしてポジティブなものに眼を向ける、そうすることで他者を傷つけず自分も心安らかでいられることを知っての、能動的な情動選択です。対人葛藤をプラスに転化させる高齢者の感情の成熟で、イギリスの作家フォースターが老年の知恵を「寛容性」と述べていること(『老年について』みすず書房、二〇〇二)に通じるものでしょう。

このような加齢にともなう変化には、自分の人生の持ち時間を意識することも与《あずか》っています。そう長くはない自分の未来を意味ある心地よいものにしたいとの、感情の自己制御です。ある高齢女性は、以前大好きだった刺激や興奮一杯の悲劇や深刻な映画や本はもうみたくない、

「心暖まるもの」をと述べています。限られた時間を穏やかにポジティブに生きようとの自己制御の一例です。

子どももおとなも愛情ネットワーク――生存、自立、発達を支えるコンボイ

赤ちゃんにとって他者との愛着の絆は、文字通り命の綱―生存に不可欠です。赤ちゃんは自分に敏感に反応してくれる応答的な複数の人を重要な愛着――アタッチメント対象として選び、その絆をいわば護送船団《コンボイ》とすることで新しい体験にいどみ外界を探索して知恵や力を身につけていきます。

このことは赤ちゃんに限りません。おとなでも同様です。自立はおとなの発達の1ゴールですが、自立とは孤立ではなく、心身の安定と円滑な社会生活は他者との関係によって支えられ、また彩られるものです。

ちょっと考えてみてください。自分にとって大事な人、親しい人がいるでしょう。危急の時に力になってくれる、(その人から)激励や承認を得る、心の支えになる、経験を共有したい、話し合いたい、など、自分にとっての「重要性」を基準に対象を選択しています。そうした人が一人でなく複数いることで、一人の人から過剰に影響されず、人ごとに異なった役割を相補うなど、安全装置はより強力なものになります。それは必要な時、適切なサポートが得られ、

自分も相手にサポートを提供する、互恵的な関係です。

子どもでもおとなでも、重要な他者がいない「一匹狼」は極めて少なく、複数の人からなる愛情ネットワークをもっています。三同心円に自分にとって重要な他者を親密度によって三分類して記入する方法（図3-2）で、日米の八歳から高齢者のネットワークについて調べた結果が**図3-3**です。

女性が男性よりも同心円に記入した人数が多い（つまりネットワークが大きい）ことは、日米で共通しています。アメリカでは中年期に人数も親密度も最高になりますが、日本ではそれほど顕著な年齢差はありません。その背景には、日本ではネットワークは支えになると同時に、しがらみとしてストレス源ともなっていることが、対象者の反応から示唆されています。

ネットワークを構成する人は、学生時代には同性の友人がネットワークの中核のタイプが主流、おとなでは異性（配偶者）が中核のタイプが主流を占めています。生活の変化にともなう人間関係の変化によるのでしょう。

世代差以上に日本で注目されるのがネットワークの大きさと内容の男女差です。三〇～六〇歳の男女対象の調査でも、女性は数の上でも種類の点でも男性よりネットワークは多様です（柏木・北條二〇〇八）。女性では、学校友達――小学校から大学、おけいこなどでの友達、子どもの関係のいわゆる「ママ友」、しごと仲間、近隣の人など多彩で、それぞれの人が違った形

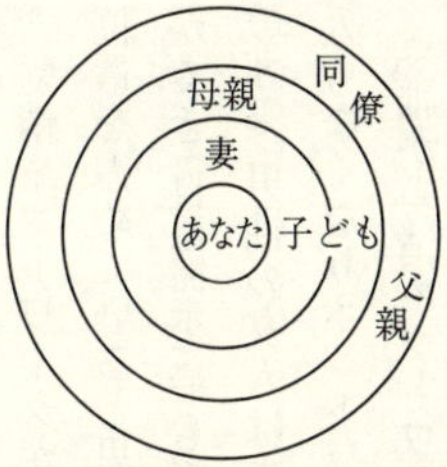

図 3-2 身近な人・大切な人は誰か，どのくらい身近か(高橋，2010)

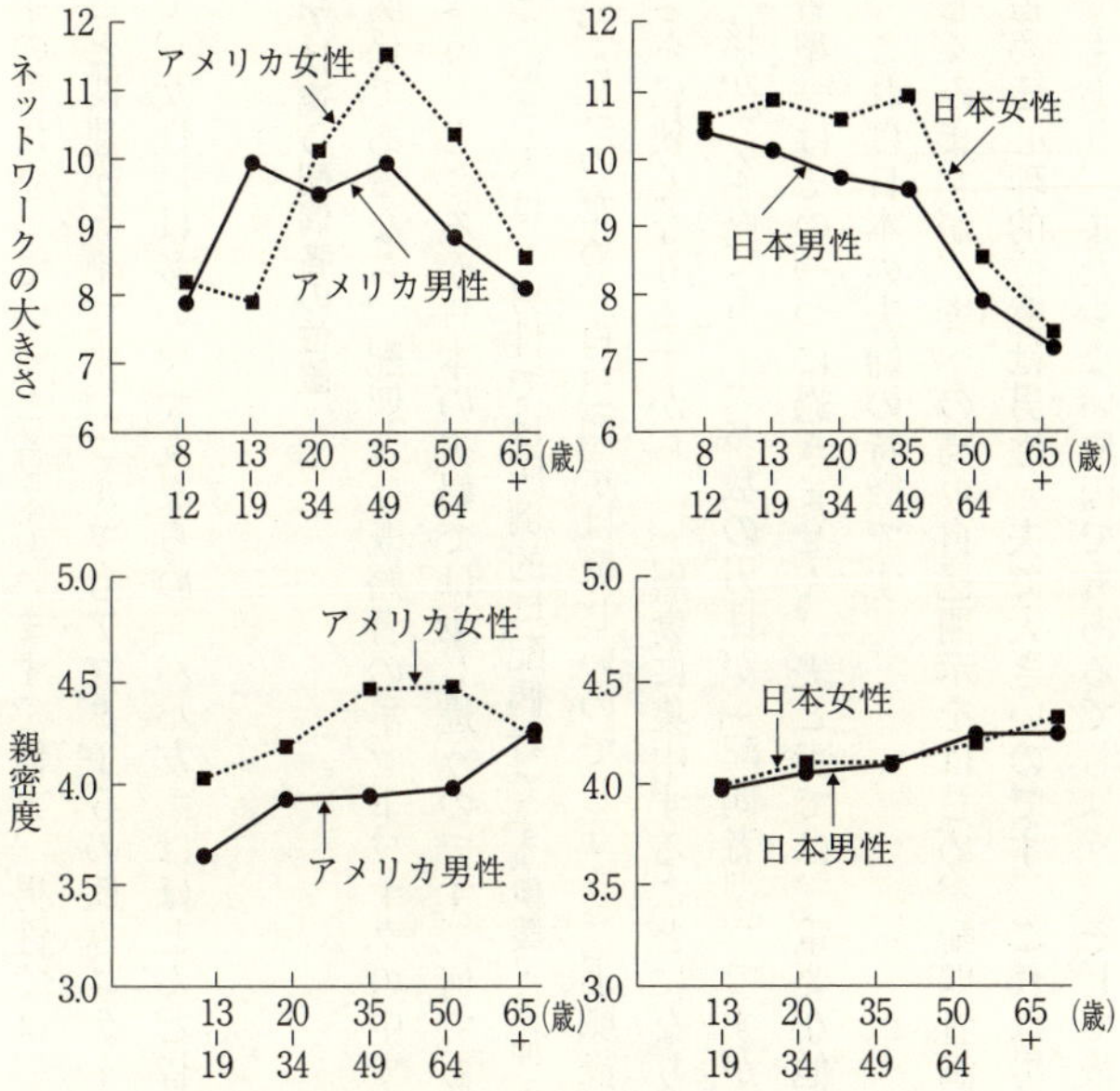

図 3-3 親密度における性差と年齢差(秋山，1997)

で自分の役に立ち、自分も相手の役に立っていると答えています。他方、男性では、数が少ないばかりか種類も限られ、しごと関連が大半です。ゴルフもアフター5の飲みニケーションもしごとがらみの人がほとんどで、女性には多いママ友ならぬ「パパ友」はほとんど皆無です。

配偶者はコンボイか──夫と妻では違う配偶者の位置

愛情ネットワークが互恵的関係であるなら、配偶者は既婚者のネットワークの中では中心的位置を占めていると思うでしょう。ところが日本の夫婦では少し違うのです。何でも話すことができ(自己開示)最も頼りにしている人は、男性では圧倒的に配偶者です(伊藤・下仲・相良二〇〇九)。男性の友人は主に職業がらみのため、自己開示は難しいのでしょう。退職後はその友人もなくなりネットワークはさらに狭くなりますから、一層妻に集中することになります。

「誰が愛情ネットワークの中核か」をみても、大多数の男性が「配偶者型」ですが、女性では多様なタイプがあり「配偶者型」はその一つに過ぎません。夫と妻では、重要な他者としての配偶者の位置が違うのです。これは日本の夫婦の特徴です。

夫婦については第四章で詳しくみますが、妻への高い自己開示をはじめ、配偶者満足度も夫は妻より断然高く、配偶者が占める心理的位置は男性/夫で大きいのです。これは男性のネットワークの人数が少ない結果でもあり、また少ない原因でもあるでしょう。そして後にみる配偶者や結婚への満足度は、その人の愛情ネットワークの大きさ／数や機能の違いをもたらすことになっています。

「(亭主は)元気で留守がいい」といわれます。その含意は、夫の留守中は、妻が家の主人であり、時間的にも空間的にも自由が保証され、自由な活動ができる、といったことです。その間、妻たちはボランティア活動や趣味や勉強グループに参加して多くの友人を得、重要な他者を選択してネットワークを強めています。同時に自分の能力を成長させ発揮しています。夫の留守を活用しての社会的活動は、(妻・母としてではなく)個人としての成長発達の場であり、ネットワーク形成と強化の場です。

この間、男性／夫はしごとで多忙、ネットワークも仕事がらみで、妻や子まして近隣とのネットワークは否応なくなおざりになります。妻はこのことに最初は不満をもつものの、やがて夫との関係に期待するのは諦め、「留守がいい」と自分の活動とネットワークの拡大へと向かわせているのです。

こうして夫と妻の関係は夫は仕事／妻は家庭と社会的活動とネットワーク、つまり別世界で別活動の状態となり、それで一時の平衡を保っています。しかしこの平衡は、夫の退職＝在宅によって破られます。食事の用意をはじめ、何かと用事が増える、自分の友人を家に招くのも外出もままならず、外出しようとすると、「どこへ？」「帰りは何時？」「今日も!?」などといわれる。「留守がいい」をあらためて思わせられる事態になります。妻の「夫在宅ストレス症候群」(黒川順夫『主人在宅ストレス症候群』双葉社、一九九三)は、こうした状況の産物です。夫が一緒に旅行をと申し出ると、妻は「行くなら友人と行きたい」という例が多いようです。そのギャップにも、配偶者の位置が夫と妻とでは大きく違っている事情が窺えます。

夫が長年のしごとから解放されて家でゆっくりしたい、妻と一緒に過ごしたい、と願うのは当然でしょう。夫在宅が妻のストレス源になる背景は、一つは夫にしごと外のネットワークが乏しいこと、もう一つは、妻から世話万端を受けてきた夫に生活自立の能力が欠けていることです。社会的ネットワークと生活能力の発達不全は、いずれもそれまでの夫と妻の生活に遠因があり、その問題が顕在化したものなのです。

職業生活の中での発達――「人間的成長」

女性も七割が何らかの形で職業をもっている今日、職業生活は収入／生活の糧を得るだけではなく、おとなの心理発達に大きな意味をもっています。職業生活からどのような価値を得ているのでしょうか。職業経験はさまざまな面の発達に寄与しています(表3-2)。

男女いずれでも「人間的成長」がトップで、能力の活用や創造性など職業そのものから得たスキル以上に高く認めています。このことは、職業体験をもたないことはこの発達の機会の欠如を意味します。
結婚や育児で退職した母親は、職業によって鍛えられ成長した実感を思い返し、その機会が奪われてしまったと慚愧の思いを吐露しています。夫は結婚しても子がいても生活は変わらず職業を持ち続けているのに——との無職専業主婦の嘆きは、単に夫への不満ではなく職業による発達から疎外されたことへの不満も大きいのです。

表 3-2　男性と女性における職業価値——男女別平均と標準偏差(中西，1995)

	男性(N=648)	女性(N=102)
能力の活用	15.20(2.26)	15.22(2.53)
達成	14.64(2.31)	13.98(2.42)
昇進	9.61(3.04)	8.31(2.74)
美的追求	14.28(2.40)	13.70(2.58)
愛他性	12.50(2.84)	11.43(2.97)
権威	11.53(2.73)	9.69(2.65)
自律性	13.77(2.38)	12.94(2.60)
創造性	15.38(2.52)	14.24(2.79)
経済的報酬	12.77(3.00)	12.55(2.89)
ライフ・スタイル	14.63(2.27)	14.48(2.68)
人間的成長	15.50(2.24)	15.63(2.33)
身体的活動	11.47(2.87)	11.04(2.97)
社会的評価	11.59(3.25)	11.67(2.89)
危険性	10.73(3.00)	10.04(3.12)
社会的交流	11.70(2.64)	11.59(2.59)
社会的関係	10.53(2.77)	11.16(2.55)
多様性	10.94(2.68)	11.31(2.49)
働く環境	12.77(2.92)	13.17(3.03)
肉体的能力	8.85(2.46)	8.81(2.38)
経済的安定性	14.18(2.91)	13.54(2.76)

ここで注目されるのは多くの面での男女差——男性の方が女性よりも大きいことです。これには地位や職種、処遇などでの男女格差が関係しているでしょう。日本の職業世界での著しい男女格差は国際的

にも非難されているところですが、職業体験がおとなの発達に大きく関与している点からも看過できない問題です。

夫と妻のコミュニケーション・ギャップ

『話を聞かない男、地図が読めない女』(アラン&バーバラ・ピーズ、藤井留美訳、主婦の友社、二〇〇〇)という本があります。内容を一言でいえば、男女は脳の構造が違う、男が話を聞かずコミュニケーションが下手なのは(言語脳が女性では発達しているが)男脳だから仕方がない、というものです。

確かに言語行動には男女差があります。その一つが会話での発話権です。男女ペアの会話記録を分析しますと、話題の提供や変更、割り込みは男性に多く、「言葉は男が支配する」とのタイトルの本もあるほどジェンダーは言語社会学の大きなテーマです。その後の研究は、「支配する」のは必ずしも男性に限らず、男女いずれでも自信があるかどうかによることも明らかにされています。しかし日本では「自信がある」は男性に望ましい特徴とされ、事実男性の方が自信は強く、他方女子には丁寧語や控え目表現など「女らしい」言葉遣いがしつけられています。こうした性別期待やしつけが、会話の主導権は男性がとり女性は相手を支持し補足するサブの役割を担う傾向を生んでいます。

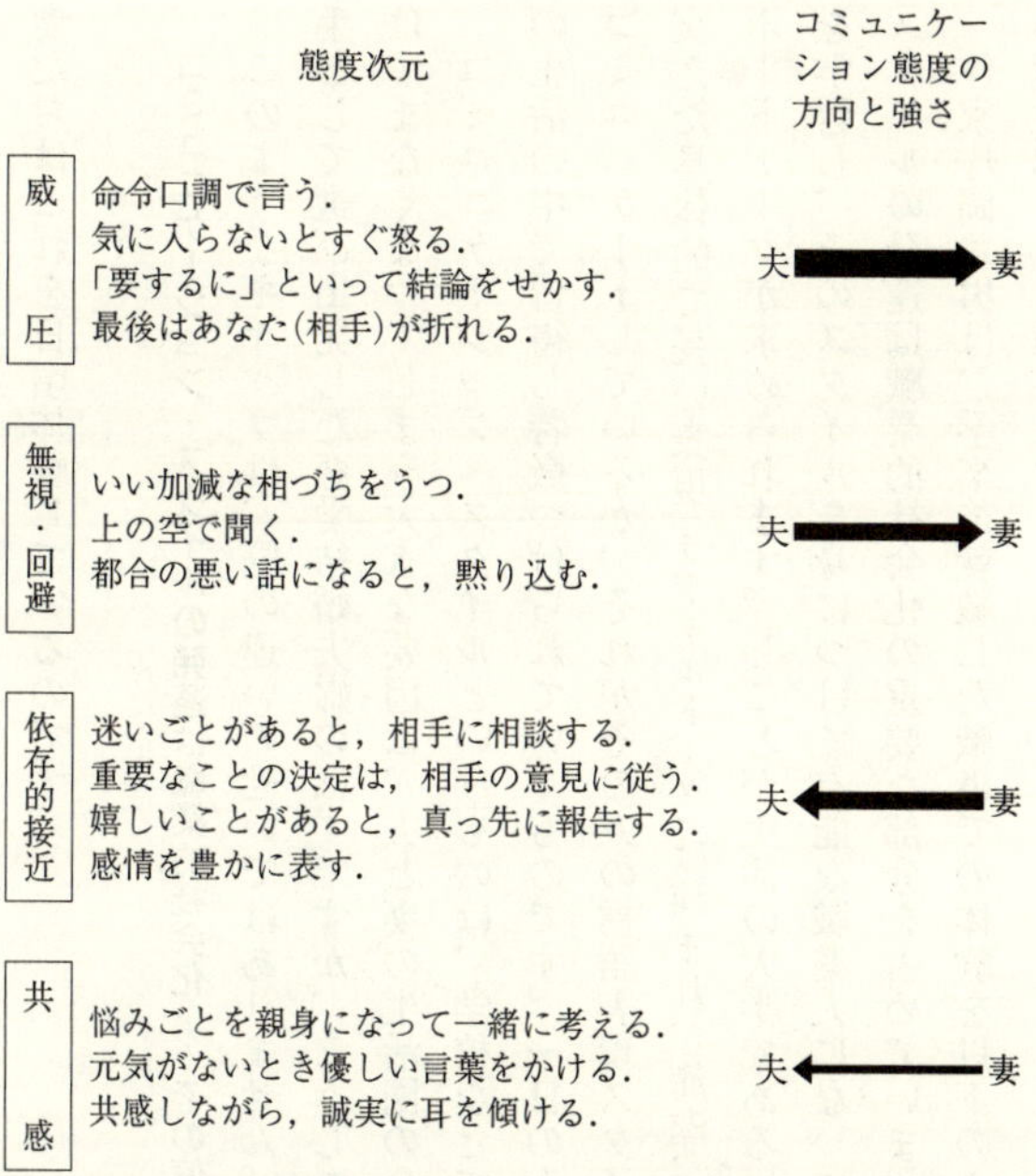

態度次元		コミュニケーション態度の方向と強さ
威圧	命令口調で言う. 気に入らないとすぐ怒る. 「要するに」といって結論をせかす. 最後はあなた(相手)が折れる.	夫 ━━━▶ 妻
無視・回避	いい加減な相づちをうつ. 上の空で聞く. 都合の悪い話になると，黙り込む.	夫 ━━━▶ 妻
依存的接近	迷いごとがあると，相手に相談する. 重要なことの決定は，相手の意見に従う. 嬉しいことがあると，真っ先に報告する. 感情を豊かに表す.	夫 ◀━━━ 妻
共感	悩みごとを親身になって一緒に考える. 元気がないとき優しい言葉をかける. 共感しながら，誠実に耳を傾ける.	夫 ◀━━ 妻

図 3-4 夫婦間コミュニケーションの特徴――方向と強さ
矢印の太さは夫と妻の差を示し，矢印の方向は強い方から弱い方へを示す(平山・柏木，2001)

言語行動のジェンダー差は、夫婦間にも顕著にみられます。中高年夫婦に日頃、配偶者にどのような話し方をしているかを自己申告してもらう方式で調査した結果が**図3-4**です。

夫妻のコミュニケーションはほとんど対話の態をなしておらず、夫上位、妻下位の関係です。この上下関係は、夫は妻を呼び捨て、お前、妻は○○さん、あなたという呼称にもっと端的にみられます。日本の夫はまさに「話を聞かない男」で、多くの妻たちはこれを日頃体験しているのです。

コミュニケーション・スタイルの発達は職業的社会化——その偏りを知る

このようなギャップは、脳の違いのせいではありません。誰よりも話が合いわかりあえる相手として選び出発した恋愛結婚夫婦のはずですが、こうしたギャップがほどなく生じて会話がはずまなくなってしまう大きな要因は、夫と妻の生活圏の分離、生活体験の違いです。

コミュニケーション・スタイルというものは、学校などで習得した語彙や文法を基盤に日々の生活の中で習得し特徴づけられていくものです。一日の大半を生活している場で、誰と何をコミュニケートしているか、それがその人の言語表現スタイルを決めます。職場では、感情を交えた具体的で長い表現(ラポールトーク)は疎まれ、簡潔、論理、概括を旨とする表現——リポートトークが求められます。しごとが生活の大半である男性は否応なくこのリポートトークを学習し、そのスタイルを身につけて有能な職業人になっていきます。コミュニケーション・スタイルの発達は職業的社会化の重要な部分を占めています。

作家片岡義男は、学卒後就職した職場での体験を以下のように記しています(『言葉を生きる』岩波書店、二〇一二)。

「会社組織のなかのあるひとつの部署に所属するひとりとして毎日の仕事をするとは、その仕事に必要とされるごく狭い範囲の中の、高さも深さも奥行きもない、ふと気がつけばこれっきりの、数少ない言葉を繰り返すことだった。私的な生活はその全体が会社に預けてあった時代だったから私的にも言葉は会社的であり、こういうことに僕は耐えられなかった。耐えられなければその場から退くほかなかった。だから僕は仕事を辞めた。」（傍線筆者）

誰もが職場から撤退することはできないでしょう。職場にいる以上、限定されたコミュニケーション・スタイルを使わざるを得ず、その結果、偏ったものになっていることを自覚することが必要でしょう。家庭や地域での生活が多い妻では、リポートトークは通用しません。情感を込め相手の感情に耳を傾け丁寧に具体的に話すラポールトークが必要で、そのスタイルが身につきます。

このようなコミュニケーション・スタイルの差は夫婦間に会話不通をもたらし、双方に相手への不満を招いています。夫はごちゃごちゃ延々と話す妻にいらだち、妻は気持ちがちっとも通じない、聞く耳をもたない、逃げている、と。家族臨床の場でも「問いつめる妻／黙り込む夫」という構図は頻繁に見られています。

これは夫と妻の問題で終りません。リポートトークだけが身についた男性が、地域や職場外の人との交流が苦手――気さくに話せない、頭が高い、ぶっきらぼうなどと敬遠されるのも、他方、女性が公的な場で理性的説得的に発言できないのも、多分にラポールトークだけになってしまったその結果です。

男性と女性にとってのアサーション・トレーニング

アメリカで開発されたアサーション・トレーニング*が近年、多くの受講者を集めています。初期の受講者は圧倒的に女性――自分の意見をはっきり話すのが苦手、自己主張ができない、論理的に話ができないと訴え、きちんと表現し対等で穏やかな関係をつくりたいと願っての参加でした。それが最近、男性受講者が増加しています。最初のうちは「仕事に活用したい」だったのが、最近は「いいたいことがうまくいえない」「対人関係に自信がない」など、女性と同様の動機になっています。

*アサーション・トレーニング(もしくはアサーティブネス・トレーニング)は、「自分の考えや意見、感情、相手への希望などを(表現したい場合は)率直に正直に、しかも適切な方法で表現する」こと、ならびに「自分の人権である言論の自由のためにはみずから立ち上がろうとするが、同時に相手の言論の自由も尊重しようとする態度」を、一定のトレーニングを触媒とし育成しようというものである。

この変化は重要です。「人に頼るな」と他者に援助を求めるのを躊躇しがちな男性が、自分の問題の解決に他者の力を借りようとするようになったのです。受講した男性たちは、「人に頼らず」「弱みをみせず」「愚痴をいわず」という男らしさの規範への囚われに気づき、次第にそれから解放されていきます。変化はコミュニケーションだけでなく、対人関係が円滑になっています。次の三人はその典型です(園田二〇〇八)。

1　「弱音は吐くな」「男だからしっかりしろ」と育てられ、人一倍働いて給料の大半を家にいれてきたが、体をこわし休職。……(親のいわれるままに)してきたことが体にも心にも無理になってきたことから疑問をもち来談。その経緯を話すうちに、自分が感じたこと思ったことを素直に話していいことに気づく。「男だから頑張る」のではなく、自分らしく生きるのでいい、それが大事だと思うようになり、……それが契機になって恋人ができた。

2　周囲の人とすぐ喧嘩になり、対人関係はトラブルばかりということで来談。「弱みをみせたらつけ込まれる」との危機感が幼い頃からあり、強い自分を出さなければ、とずっと身構え相手をいい負かすことをモットーとしてきた。「本当はそういう自分に疲れる時もあるが、もう体に染みついていて変えようがない」といったあたりから、素直に自分を表現し相手の立場も考えるというアサーションの道が開けていった。

3　「ぐずぐず、もごもご話していて、何をいいたいのかはっきりしない。表現をもっときっぱりと男らしくしたい」と来談。ぐずぐずしてもいい、考え考え話すのでもいいといわれるうちに、「男らしい表現にこだわらなくなってきた」といい、次第に自信に満ちた落ち着いた表情に変わっていった。

超高齢化がもたらしたおとなの学習／発達課題

最近の未婚化／晩婚化や就労問題などには、若者の対人関係能力不足も関係しています（第4章）。とりわけコミュニケーション・スキルが通信手段の変化にともなう対面コミュニケーションの減少によって低下していることは、注目すべき問題です。相手の立場や状況、話題によって適切に柔軟に表現するスキルは弱くなり、一方的な自己主張や紋切り型の表現に陥りやすくなっています。通信手段の変化という時代の産物でフリン効果（第1章）の一つですが、対人関係の希薄さにも繫がることで、仕方がないといって放置できない問題でしょう。

対人関係能力は成人以降でもさらに重要になりました。超高齢化がおとな以降の生活を激変させたからです。かつての男性は定年まで勤め上げて家庭に戻れば、「ごくろうさま」とねぎらわれ穏やかな隠居生活で人生はほどなく終るものでした。それが今や退職後二〇年ほどの年月を家庭と地域で生きねばならなくなりました。

長い職業生活から解放された生涯最初で最後の自由が約束されている時期ですが、見方を変えるとそれまでの生き甲斐のしごとも職業がらみの人間関係も失う上、家庭や地域での生活で必要な能力を身につける必要性に直面する時期です。

職場では有用だったリポートトークや「上にへつらい／下にいばる」関係から、柔軟で共感的なコミュニケーションと対人スキルが必要な関係への変化です。これはおとなの再学習、発達課題の筆頭に挙げられる問題です。老人ホームで男性はいつも同じ男性たちと同じテーブルに固まる傾向がある由ですが、人的ネットワークをつくる力とコミュニケーション力の欠如を垣間見せる風景です。

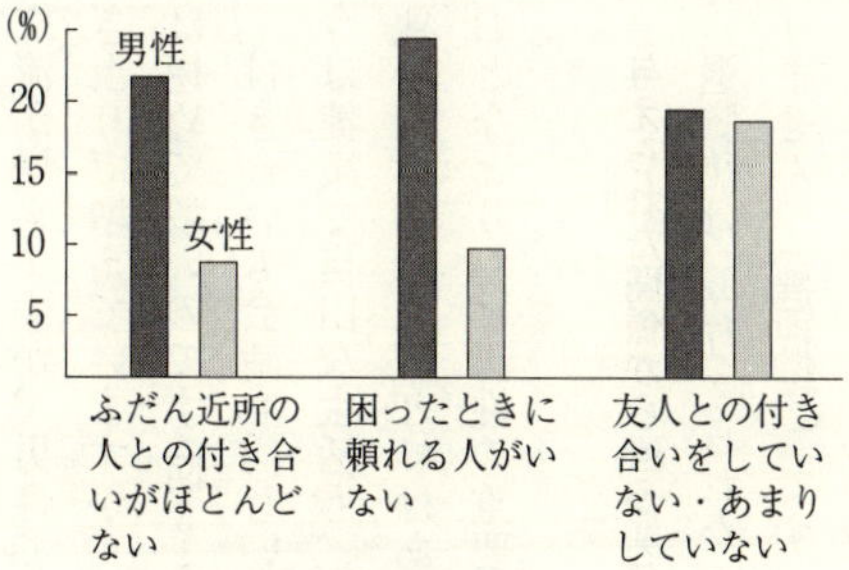

図 3-5　単身高齢者の付き合いの程度
（内閣府，2010 から）

退職シニアのネットワーク――増える独居高齢者

退職後、直面する最大の課題は家庭と地域に自分の場を見出すことです。隠居ではすまなくなりました。しかし、「お互いに行き来する間柄の近所の人」は男性では極めて少なく、近所の人の名前も顔も知らない人は少なくありません。女性は（有職でも）育児家事をするため、しごと外のネットワークがありますし、退職後は親戚や地域の人との交流が増えますが、男性ではそれがありません。ひとり暮らし高齢者数はこの二〇年来、うなぎ上りで増えていますが、「ほとんど近所との付き合いがない」「頼れる人がいない」は男性では極めて多いのです(図3-5)。

付き合いも会話も乏しい状態は「ひきこもり」、そして孤独死に至る危険性も懸念されます。今は健康で自由な生活も、自分や配偶者の老/病/死によって遅かれ早かれ一変します。高齢独居生活は他人ごとではありません。ネットワークの形成、そのための対人スキルの再学習は、おとなとりわけ男性の重要な発達課題です。

与えられた関係から選ぶ関係「選択縁」へ

退職後は、「与えられた」所与の関係は失われ、自分で他者を選び関係をつくらなければなりません。「選択縁」です。それなしには孤立、場合によっては孤独死の危険もはらんでいます。それは黙っていては得られず、意欲や対人スキルがものをいいます。妻に誘われ勧められて講座やグループに参加する男性も少なくありません。妻は、対人スキルが乏しく腰の重い夫のために、また自分が「夫在宅ストレス症候群」にならないためにも、そうすることが必要だと考えているのでしょう。

発達という変化には、他者や環境によって決められるのではなく、自分で選び工夫する「選択—最適化—補償（SOC）」のメカニズムがあることを述べました（第一章）。おとなの対人関係や社会参加もまさにこの選択—最適化—補償です。自分は何をしたいか、どのような活動に関心があるか、自分にとって必要で意味ある人は誰かなどを考える必要があります。自分をみつめ考える内省が出発点です。

その結果、確認した目的や動機に即してグループや活動を選ぶ、あるいは自分でグループをつくることもあるでしょう。一般に、ネットワークの人数は加齢にともない減少するものですが、選択した重要な他者との密度の濃い交流は数の減少を補なって余りある強いネットワークとなります。量から質への転換です。

しかし、これは実際にはそう簡単ではないようです。自分の関心を焦点化すること自体、容易ではなく、何がしたいかわからないという人、違った世界の未知の人と付き合うのはどうもと躊躇する人も少なくありません。会場まで行きながら、「どうしようかな、今日はやめよう、またにしよう」などと引っ込みがち、それを「これではいかん」と自分に言い聞かせ励ましまして……と、苦笑しながら述懐し「新しい活動や人間関係つくりには勇気がいる」といいます（片桐二〇一二）。

退職後は、学校や職場での「いわれたことをきちんとする」「素直で勤勉」の「指示待ち」ではダメ。自分の意思の確認と主体的な選択と実践、つまり「選択—最適化—補償」の力が試される時です。

社会参加はおとなの発達の場

社会参加には健康、時間さらに勇気などの資源が必要ですが、その投資を上回るものが得られます。写真撮影グループに参加した人々は、さまざまな面で自分が変わったとこもごも述べています（高橋二〇一一）。それは写真撮影の知識や技量以上に、次のような対人スキル、価値観の変化、幸福感や自尊など幅広い面にわたっています。

① 対等な関係と主体的学習態度を身につける

多様な人との出会いは最大の収穫ですが、重要なのは人数の増加以上に関係の質的変化です。最初のうちは指導者中心の上下の関係ですが、次第に仲間との対等な関係が中心になります。そして（指導者から）教え―教わる関係から、仲間との関係の中で相互に学び合う主体的な姿勢を身につけています。

② 平等意識とその実践――家族のジェンダーも見直す

仲間との対等な関係の体験は自分の人間観の狭さに気づかされます。特に顕著なのは平等意識の目覚めです。前職やその地位にこだわっていてはダメ、誰もが平等だとの意識とその実践が求められて次第に身についていきます。これは、上下関係や役割が決っている職業生活では得難い心と力の発達です。この意識変化は、はからずも妻との関係も省みさせています。「サラリーマンだった時には、家事は一切妻任せだった。妻もしごとをもっていたのに……」と。

③　生活自立能力の獲得

どの活動にもこまごました雑事――お茶の用意や片づけ、コピーなどはつきものですが、これを気づいた人、手の空いている人が臨機応変にこなすことが求められます。この種のことは以前は部下や係、家では妻がしていましたから、昇進するほどこの能力は概して欠落しています。不使用＝退化の結果の「粗大ゴミ」化です。不慣れでも下手でもやっていくうちに、「こうすればいい」「結構面白い」「自分に向いている」など、新鮮な自己発見と新しい能力の発達になっています。

④　「個人」としてのアイデンティティの獲得

職業人でいる間は、所属する企業や職位などで自分を定義しそれによって自分の役割も行動も決まってくるものでした。人に会えばまず名刺を交換する、それで以後の関係も行動もほぼ決まる、といったものでした。退職後は、肩書きのない個人として「自分は何者か」が問われ、どうふるまうかを自分で決めねばなりません。個人としてのアイデンティティが求められます。活動への参加体験は、とりもなおさず「個人」としてのアイデンティティの発見と確立の機会となります。

⑤　幸福感と自尊の高まりと孤独感の低減

このような社会活動によって生じた心と力の変化発達と共に、職業世界からの離脱や老いへの不安から抱きがちな孤独感が社会活動参加が進むほど低減し、幸福感と自尊感情は高まっています（**図3-6**）。

社会参加では、学校や職場でのように教えてもらう受け身の学習よりも、自分で試行錯誤し他者をみて学ぶ能動的な学習が中心です。そのために「自分でやった」「自分でできた」といった達成感や自己効力感を味わう機会が増えます。子どもであれおとなであれ、人から教えられるだけでは自尊心や達成感は得難いものです。自分で試行錯誤し努力して習得した時、「やった！」と達成感と自己効力感を味わうものです。社会活動はまさにこの能動的な自己学習の場だから、**図3-6**のような変化が起きるのです。

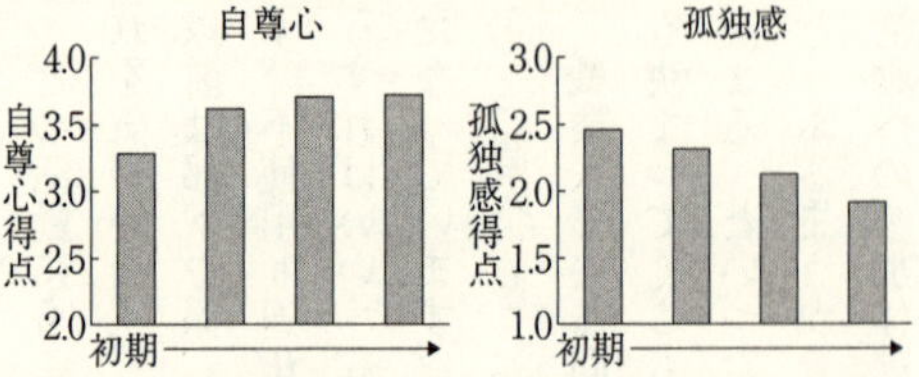

図3-6　社会参加が進むと自尊心は高まり孤独感は減る（片桐，2012）

「絆」の重要性をめぐって

三・一一の大震災以来、「絆」の重要性がしきりにいわれます。人間は他者との共棲なしには生きられない動物ですから、絆は必須です。大震災はその原点を再確認させました。では、実態はどうでしょうか。世論調査（『朝日新聞』二〇一二年三月二一日）によりますと、家族の絆は「強まっている」とみている人（二八％）よりも、「弱まっている」とみる人の方が多い（三五％）のです。一方、今は弱い地域との付き合いを深めたいと望む人は多い（五三％）のですが、「信用できる人が多い」と思う人（三二％）よりも、「信用できない人が多い」と思う人は五八％と遥かに多く、他者への信頼感は低く、「大抵の人は他人の役に立とうとしている」と思うよりも「自分のことだけ考えている」と思っている人の方がずっと多いのです。

このように重要と認めながら、現実の絆は強くないのはなぜでしょうか。日本人の自己認識は相互協調性、依存性が特徴だといわれます。「自分」を定義する時、〇〇会社の営業職、△△県出身、□□の長男、××大学の一年生など、所属集団での定義が多いのです（マーカス&キタヤマ一九九一）。自己定義のみならず、他者の意見や行動に配慮し同調的な傾向は日本人の心と行動を特徴づけています。

しかし、この相互協調的な生き方は必ずしも心理的安定に繋がっているとは限りません。他者との協調を重視する人よりも独立性を大事だとする人の方が、心理的安定感は高いこと（石・桂田二〇一〇）が見出されているのです。周囲に気を遣い「空気を読む」、そして他者に合わせ

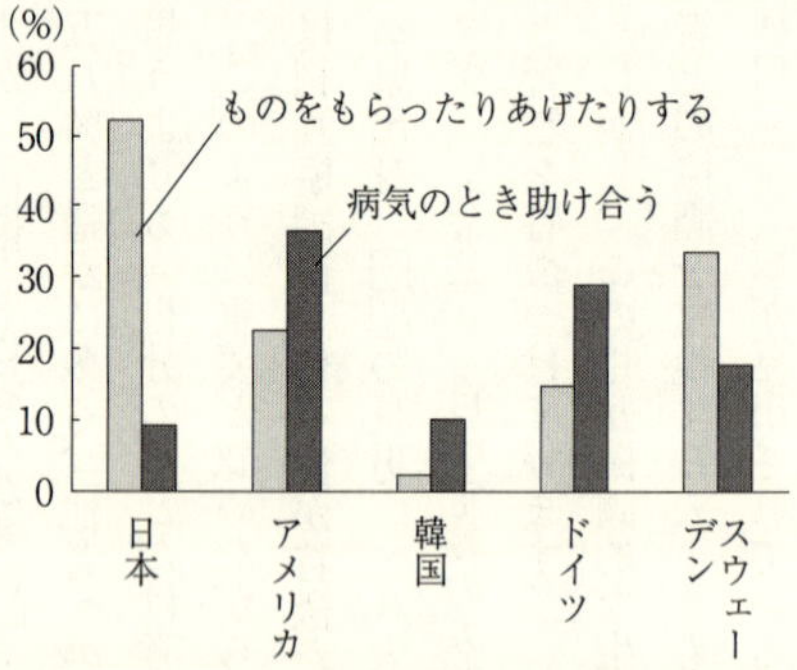

図 3-7　近所との関係の国際比較(内閣府，2010)

る生活をしているうちに、疲れてしまう、自分が何をしたいのかわからなくなる、自分が生きている実感がなくなってしまう、そのような体験はありませんか？「他と共に」は人間ならではのものですが、それが嵩ずれば負の面があらわになるのです。

絆の負の側面――「空気を読め」は絆をしがらみ化する

先に、日本人のネットワークがアメリカほど広がらず強まらない背景には、他者への気兼ねや他者による拘束など、絆の負の面があることを述べました。人々は、しがらみだと公言することも非難し修正を求めることもできない絆の負の面を体験しているだけに、総論は賛成―絆は大事といいながら、実際には積極的になれないのではないでしょうか。近隣との交流の内容をみますと、日本は他国よりももののやりとりというあたりさわりのない交流が多く、相互援助は少ないのです(図3-7)。しがらみ体験を回避しようとしてでしょうか。しかしこれでは危急の時の支援の絆にはならないでしょう。

しがらみとは、絆によって個(自分)が集団(絆)に吸収され抹殺されてしまう状況です。今、家族の中で個人化志向が強まっています。それは社会の変化の必然です。他と相互に支えあうコンボイをもつ、他方、個を活かし個として生きる、この相反する二つのあり方を共々に実現することが求められています。長らく重視されてきた相互協調性の見直しと、自立と行動の自己制御の尊重と実践は日本人の発達課題でしょう。

第4章
家族の中でのおとなの発達　1
——結婚と夫婦関係——

誰もが何らかの家族体験をもっている——。子として、結婚すれば夫婦として、さらに子をもてば親として、そして成人後も子として老親との関係をもつ。どの家族体験も当事者の心と力の発達を促す。家族体験によって心理的安定が得られるか、夫婦として親子として、どんな葛藤や問題を体験し、どう対処し解決するか、それらは心の発達そのものといえる。本章では結婚、夫婦関係を中心に、夫婦の結婚満足度やコミュニケーション、家族役割分担などの現状をみ、家族が成長発達の場であると同時に、退化の場にもなり、おとなの発達不全を招来している様相をみる。

人類家族の起源と特徴――親密圏の追求

「家族」は有史以来、今日まで人類に普遍的にみられる集団です。有性動物であるヒトの繁殖・性、生殖(育児)に家族は必須である、「他と共に」は必要であると同時に快体験である、この二つが人類家族成立の基盤です。

ただし、その「家族」はどの時代、どの社会でもいつでもどこでも今日私たちが当たり前と思っている一夫一婦とは限りません。一夫多婦も同性婚もあり、多様な形と機能があるのが人類家族の特徴です。人間は状況に応じて適切な形と機能を柔軟に創出することができるからです。これは今日、家族に起こっているさまざまな現象を理解する上でも重要な視点です。

他者と親密な関係を築くことは、おとなの重要な発達課題です。親密性とは、自分を犠牲にしたり裏切ったりせず、相手を変えたり説得しようという要求を抱かずに相手のその人らしさを承認し合える、そして双方に益となっている関係、つまり双方の自己開示と互恵的な関係です。単に仲がいいということでも恋愛関係でもありません。そしてこの関係を長期にわたって継続しようとの意思をもっていることが結婚には重要です。

現在、日本では晩婚化非婚化が進行しています。その背景には、結婚が生存上必須だった状況が男女双方にとって縮小したことがあります。外食産業の発達や家事の社会化は家事の必要性を小さくし、他方、労働力の女性化*は、女性が働き自分の稼得で生きることを可能にしました。これに性の自由化も加わり、かつて結婚に期待されていた経済、家事、性などの道具的価値を大きく低下させたのです。未婚の男女が結婚していない理由に挙げる「必要性を感じない」は、この事情を示しています。

道具的価値に代わって浮上したのは、心理的価値――心理的安定です。未婚の男女の多くは、いつか結婚をしたい、結婚することで「心理的に安定する」と考えています（国立社会保障・人口問題研究所二〇〇七）。親密圏としての結婚への期待といえるでしょう。

＊労働の機械化・コンピュータ化が、それまで体力の勝る男性が労働力の中心だった状況を変化させたこと。

見合いから恋愛結婚へ――重要になったコミュニケーション・スキルと男女の対等性

一九六九年頃を境に、見合い結婚と恋愛結婚との割合が入れ替わり、今やほとんどが恋愛結婚、見合いや紹介で始まっても交際後「恋愛的」関係になることで結婚となりました。このことは男女の関係に大きな影響をもたらしました。第一は対人関係スキルとりわけコミュニケーション能力が重要となったことです。見合い結婚で重視されてきた学歴／職業／収入は今もま

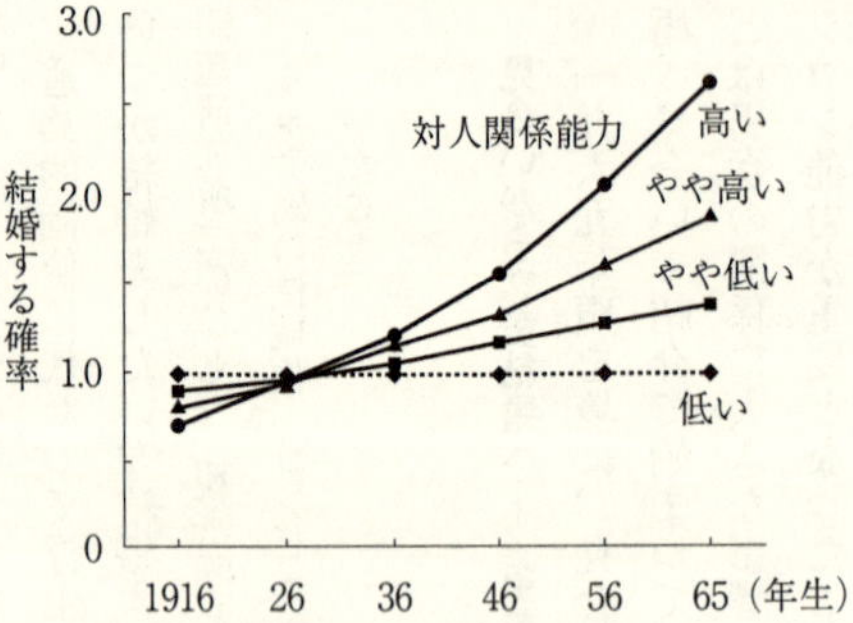

図 4-1　対人関係能力と結婚する確率（出生年別）
近年ほど，対人関係能力が高いと結婚する確率が高くなる（中村，2007）

ずふるいにかけられる基礎的条件ですが、この条件さえよければＯＫなのではなく、その後の交際が結婚の成否を決める高いハードルとなりました。これはかつてはなかったことです。見合いの時代には口下手でも引っ込み思案でも、将来性がある、とか人柄がいいというふれこみで十分、男は寡黙がいい、シャイなのだと好意的にさえみなされました。しかし直接交際での相互理解や愛情の確認が重要となり、本人の対人関係能力、特にコミュニケーション・スキルが重要となったのです（図４−１）。

もう一つの変化は男性と女性の関係です。見合い結婚では年齢、学歴、家柄などいずれも男性上位が定番、それが釣り合いのとれた夫婦とされました。夫上位の条件が夫唱婦随の関係を作りやすくしたのです。それが恋愛結婚で変わりました。二人の年齢差も学歴差も縮小し、かつては稀《まれ》だった妻のほうが年上や高学歴の場合も今や珍しくありません。さらに恋愛はおおむね学校や職場で知り合って対等な友達関係から出発しますし、年齢差も学歴差も小さいので、対等な関係が作られやすくなりました。しかしこの関係が結婚後も保持されるかどうかが、結婚満足度や夫婦関係を左右することになるのです。

今、日本の夫婦は――「心理的安定」は得られているか

こうして結婚した夫婦は、結婚に満足し、期待していた心理的安定を得ているでしょうか。

結論的にいえば、夫／男性は「心理的安定」を得ているが、妻／女性では得られていないのが、日本の夫婦の趨勢です。このことを端的に示すのが次のデータ（図4-2）です。心理的に安定していないディストレス状況（いらいら／不眠／落ち込むなど心理的不安）を、配偶者のいる人、いない人（未婚と離死別）について男女別に比べますと、男性では、配偶者の有無（離

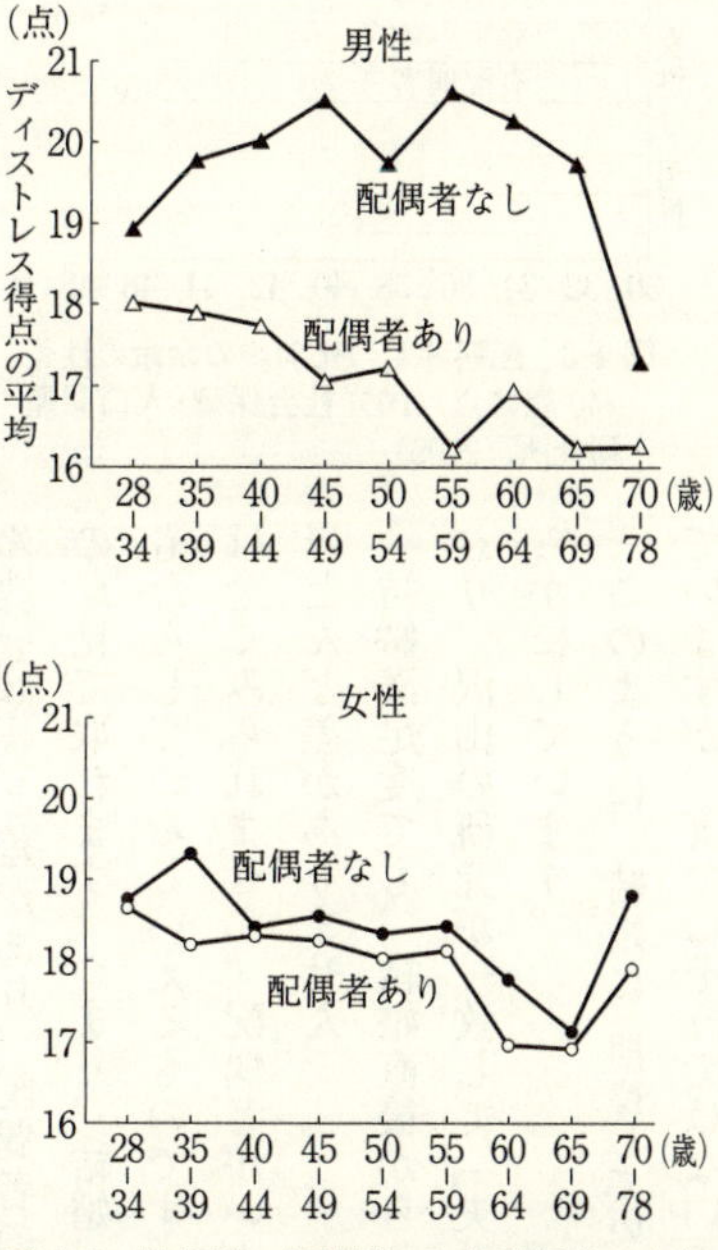

図 4-2 男女別・年齢別にみた配偶者の有無とディストレスの関係（稲葉, 2002）

死別）で歴然と差があり、配偶者のいる人はディストレスが断然低いのが見て取れます。つまり、結婚、妻の存在は男性には心理的安定をもたらしているといえるものです。ところが女性にはこのような効果は全くみられません。配偶者がいようがいまいが、ディストレスにはほとんど差がありません。

結婚満足度でも、結婚直後から一貫して夫の満足度は妻を上回っており、沢山の研究が一致して「夫は満足／妻は不満」という構図を明らかにしています。

このように、結婚に（期待していた）「心理的安定」は夫では得られていますが、妻ではそうではないのです。結婚が親密圏になっているか否か、配偶者の存在意味が、夫婦で違っているのです。このことは、配偶者の死の影響の違いにも表れています。夫には妻の死は大きな衝撃となり、夫の寿命は短くなる傾向が顕著ですが、妻では夫の死の影響はそれほどみられません（図4-3）。配偶者の死が親密圏の喪失になる夫とそうはならない妻、ともいえる対比です。

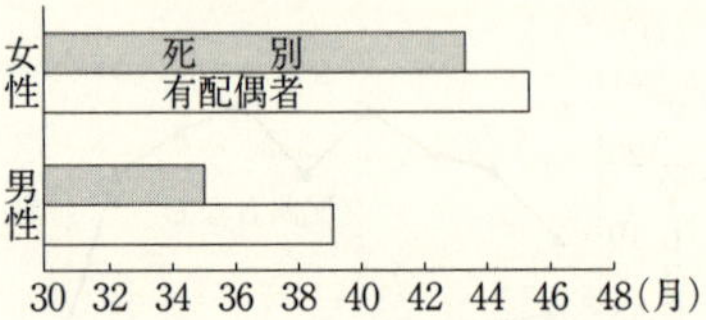

図 4-3　配偶者との死別後の余命の性差（40 歳時点）（国立社会保障・人口問題研究所，2005）

夫婦の結婚満足ギャップの背景 1 ――夫と妻間のコミュニケーション

なぜこのようなギャップが生じているのでしょうか。要因は二つあります。

その第一は夫婦間のコミュニケーションです。相手に話す(自己開示)/聞いてもらえる(受容)は、親密圏の条件であり心理的安定の基盤です。これが日本の夫婦ではあまりうまくいっていません。家族は「黙っていてもわかる」「以心伝心」といわれますが、黙っていては分かり合えず誤解や読み違い多々となってしまいます。

先に夫と妻は同じ日本語で話していながら意思疎通は悪く、相手を非難したり諦めたりしている事情を述べました(第3章)。コミュニケーション・スタイルは生活の中で習得し特徴づけられていくので、夫と妻の生活の分離が、夫は職業生活で身につけたリポートトーク、他方、妻は家事育児の生活で身につけたラポールトークとなり、それぞれ自分とは異質な相手のコミュニケーションに戸惑い不満を抱き、遂には対話不能となっている場合が多いのです。

相手のいうことに耳を傾ける「傾聴」と、自分本位でなく相手の気持ちを洞察し共感する「共感的態度」は、対等な関係をつくり心を繋ぐコミュニケーションの要件です。ところがこれが夫では弱く、その結果、コミュニケーションは夫上位妻下位という非対称の関係になっているのです。その背景の一つに、夫と妻の経済力の違いがあります(図4-4)。妻の経済力によって三群を設け、夫の「共感的コミュニケーション」を比較したものです。夫がしばしば口にする「食わせてやっている」は、「共感的態度」を欠いた「威圧的」コミュニケーションの典

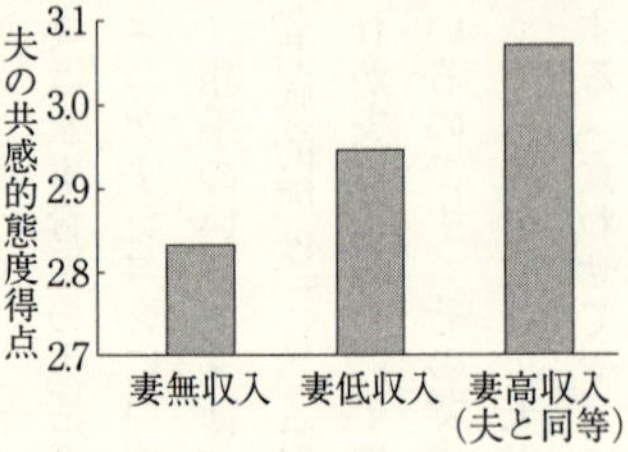

図 4-4　妻の収入別，夫の共感的態度
（平山・柏木，2001）

型ですが、これは、妻の経済力が夫と同等の場合、夫の「共感的態度」は有意に多くなっています。金がものをいうのか！と意外かもしれませんが、経済力は往々にして権力に結びつく世間一般の風潮が、夫と妻間にも該当しているのです。かつては女性が職業をもち稼得をもつことは不可能でしたが、それが可能になった今日、夫と妻の経済力バランスは夫婦の対等な関係を左右する要件として浮上したのでしょう。

ただし、このデータを詳しく分析しますと、妻の経済力そのものが直接夫を変えているのでなく、夫が妻の人格や稼得を生み出している妻の能力と活動を評価していることが媒介になっています。金そのものがものをいうのではなく、妻の人格や能力の尊重あってのこと。そこでその妻への関心や思いやりが強くなっているのです。

誰に自己開示するか

日本の夫婦間の会話が概して少ないのは、夫上位／妻下位の会話や無視・回避をしばしば体験することで、会話を諦めてしまう結果かもしれません。そうした中で、夫妻とも有職のカップルでは会話が最も活発です。夫妻とも職業生活で身につけたコミュニケーション・スタイルを共有していることが一因でしょう。また妻が有職の場合、前述した夫と妻の経済力の均衡に加えて夫の家事育児参加が増え、二人に共通の話題が多いこともあるでしょう。

ところで、「無視／回避」傾向が強い夫は妻に何も話さないのではありません。それどころか、夫の自己開示*の相手は、誰よりも妻なのです（第3章図3-4）。妻の方は夫だけではなく、友人や子どもや親など多様な人に自分の気持ちや悩みを開示しています。先にもみたように、男性／夫の対人ネットワークは仕事中心でそれ以外の対人関係が乏しいために、自己開示できる相手はもっぱら妻に集中することになるのです。そこで夫は心理的安定を得られ、結婚満足度も高いのでしょう。

＊自分の感情を吐露し愚痴や不満をこぼす。親密（だと思っている）相手への態度。

しかし妻に自己開示する夫は、他方で「無視／回避」が多く、妻の言には耳を傾けない傾向も強いのです。自分のいいたいことはいうけれども、聞きたくないことは無視する、まさに「男は話を聞かない」傾向があります。この夫の態度が、妻には対等で親密な関係を期待できなくさせ、結婚満足度を低める要因となっています。

夫婦間のコミュニケーションは単なる通信手段ではありません。親密圏にいる二人の間の相手への配慮と愛情の交換ですが、これが一方的で相互性不在の状況が、妻に結婚に求める価値

——心理的安定を損なうことになっているのです。

夫婦の結婚満足ギャップの背景2——「家族内ケア」の授受は均衡か？

結婚満足度の夫婦間ギャップに影響している第二の要因は、家族役割分担の夫と妻間のアンバランス、非衡平性です。夫婦の関係というものは、日常の具体的な行動として現れ作られます。また結婚による心理的安定も、夫と妻が相手や家族に対して具体的に何をしているか／相手から何を受けているかにかかっています。

結婚にともなって生じる家事や育児など家族内ケアの分担の問題になります。結婚すると、調理や掃除などの家事が必要、子をもてば育児は不可欠の営み、いずれも家族のためのケア*です。右の二つの他、夫と妻間の相互ケア——配慮、会話と世話があります。これらの家族内ケアが滞りなく行われることで、家族の心身の健康と安寧は保証されます。

＊相手の心身の安寧のために心と体を使って働くこと。

では、これらのケアを誰が担い、誰が受けているでしょうか。図4-5は、三種のケア（夫婦間のケア、家事、育児）を夫と妻がどれ位しているかを自己申告してもらい、夫と妻の分担差を線分の方向と太さで示したものです。

どのケアも、妻が夫よりも多くしていることが一目瞭然です。誰よりも話せる、わかってもらえる、楽しい、と対等な関係から出発した二人が、家族ケアを担うことについてはこのように非均衡なのです。この中にはフルタイム有職妻も含まれているのに、です。昔、「わたし作る人／ぼく食べる人」というコマーシャルが非難を浴びて取り下げられたことがありましたが、「妻はケアする／夫はケアされる」構図は今も基本的に変わっていないといえるでしょう。

ケアを受けることは快適で心身の安寧が得られ、心理的安定という結婚のメリットに繋がります。しかし、ケアを担う側は、それが過重になれば心身の負担／消耗になります。自分だけ

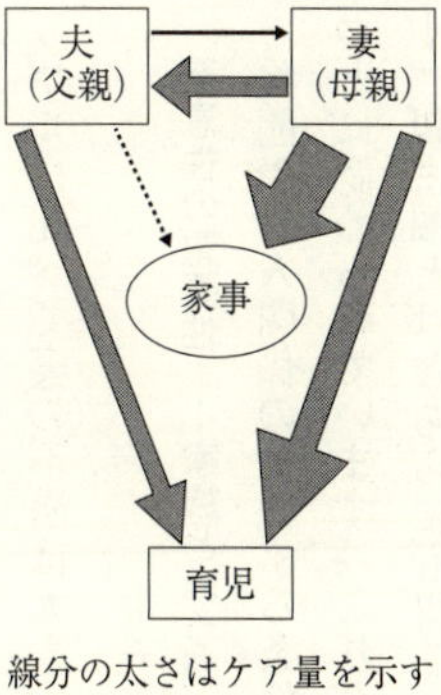

図 4-5　育児期の夫と妻の家庭内ケアの授受(平山，1999)

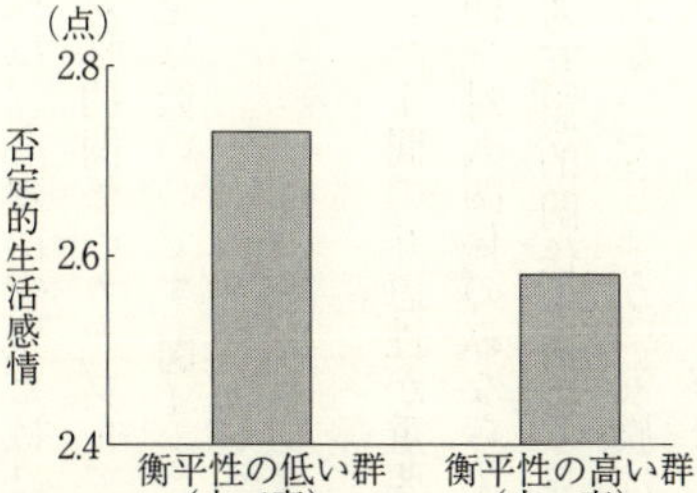

図 4-6　夫と妻のケア役割遂行の不均衡と否定的生活感情(平山，1999)

がケアしケアされることの少ない非均衡状態は、心理的安定とはほど遠いでしょう。妻はケアする、夫はケアされるという非対称的関係のカップルでは、ケアの授受が対等なカップルに比べて妻の不満は大きく心理的安定は低いのです（図4-6）。

互恵性の重要性――家族という親密圏にも

集団や対人関係の継続する条件としてメンバー間の互恵性が重要なことは、衡平理論としてつとに認められています。これが一般の集団や対人関係のみならず、夫婦間でも通用するのです。親密圏とはどちらにも得るところがある互恵的関係であると述べましたが、「作る人／食べる人」という夫婦の構図は互恵的とはいえないでしょう。家族は特別な関係、利害を超えた情愛で結ばれたものだといわれてきましたが、そうではないのです。

先に、妻では配偶者の存在が心理的安定に結びついていない、そして結婚満足度が低いことをみましたが、それは妻がケアするがケアされることが少ないケア授受の不均衡と関係しています。妻は夫の家事育児参加を求めそれが増加すると、妻の結婚満足度は高まりますが、それは単に楽になったからではありません。夫と自分が共に家族役割を担っているという連帯感を高めるからです。

表4-1　夫婦の個人化についての意識(岡村，2001)

	妻	夫
夫婦の一体感は，同姓でなくても保てる	61%	48%
できるだけ夫婦の時間よりも一人の時間を大切にする	43%	23%
新しく趣味をはじめるときには，自分だけでやりたい	59%	32%
できるならば，夫婦はそれぞれの個室を持つのがよい	68%	53%
夫婦は，一緒の墓に入らなくてもよい	38%	20%
妻は，夫よりも自分のことを優先するべきだ	48%	54%

強まる個人化志向――個人としての生と成長を求めて

今、家族の中で「個人化志向」が強まっています。それは妻の方により強いのです(表4-1)。

先に女性が妻／母としてではなく「個」として生きたいと強く願うようになったのは、女性がわがままになった、ジコチュウになったのではない、と書きました。工業化の進展や少子長命という社会の変化の一つの必然です。少子の養育と家事だけで、長い一生を生き甲斐をもって終えることは不可能になりました。沢山の子どもを家電も離乳食も紙オムツもない中で育て上げるとほぼ同時に、母親の寿命が尽きた時代には、女性は「妻／母の人生」ですみました。それが大きく変わり、妻／母だけでは人生は終らなくなったのです。

他方、労働力の女性化は女性に社会的職業的世界を開き、女性の社会における獲得と自己実現の道が開けました。ところが、女性だけが家事育児役割を担い家庭で閉塞的状況におかれている状況にある、これを何とか打開しようと個人の世界と活動を求めようとして、なのです。妻／母ではないひとりのおとなとして生きたい、成長し

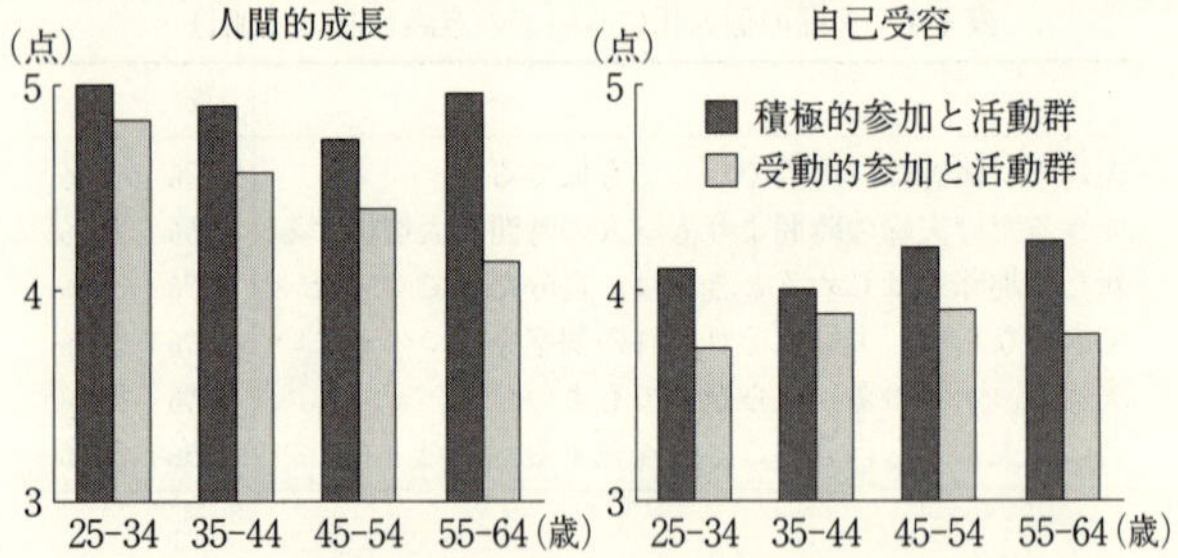

図 4-7　専業主婦の社会的活動への積極性と成長・自己受容
(西田, 2000 から)

たいとの願いの現れです。

最近、専業主婦の在宅時間は縮小の一途を辿っています(伊藤ほか二〇〇五)が、これは社会的活動の増加と対応しています。

何が女性たちを社会的活動に向かわせているのでしょうか。家族役割ではなく個人として活動できる魅力、そこで得られる質量ともに豊富な社会的ネットワークが大きなメリットでしょう。そして何よりも、社会的活動に参加することで自分の能力を発見し、それがさらに成長する体験をもち、そして自信を強め充実感と生き甲斐を見出しています(**図4-7**)。

妻の個人化志向は夫との関係にも原因があります。夫は仕事／妻は家庭という分業を選択した妻は家族役割だけの閉塞状況、そして夫とのパートナーシップも均衡な関係も得難い状況に陥りがちです。このことが妻を家族役割外の活動へと向かわせます。これは夫と会話不全や家族役割の不均衡な状況を改善することに見切りをつけての戦略ともみられます。

が、夫婦の問題の解決を回避し、問題を残したままなので、家族発達上の危機を孕んでいます。これが、夫が退職した時に顕在化することになります。

しごとと家庭の両立――女性の課題か

ところで、しごとと家庭（家事育児）の両立は日本の女性にとって永遠の課題です。男性は結婚しようが子がいようが仕事第一、家事育児は時間があれば手伝うもので、両立は男性の課題ではありません。ただし夫の家事育児の分担は稼得役割と関係しており、妻に夫と等しい稼得がある場合、夫の家庭関与が増加する傾向があります。しかしそれはごく一部で、「男はしごと／女はしごとも家庭も」が大勢です。

このような家族役割の非衡平的状況が日本に顕著な特徴であることは、国際比較データ（**図4-8**）をみれば明らかです。他国でも男女（夫妻）差はありますが、日本ほど男女で偏りの大きい国はないことがみ

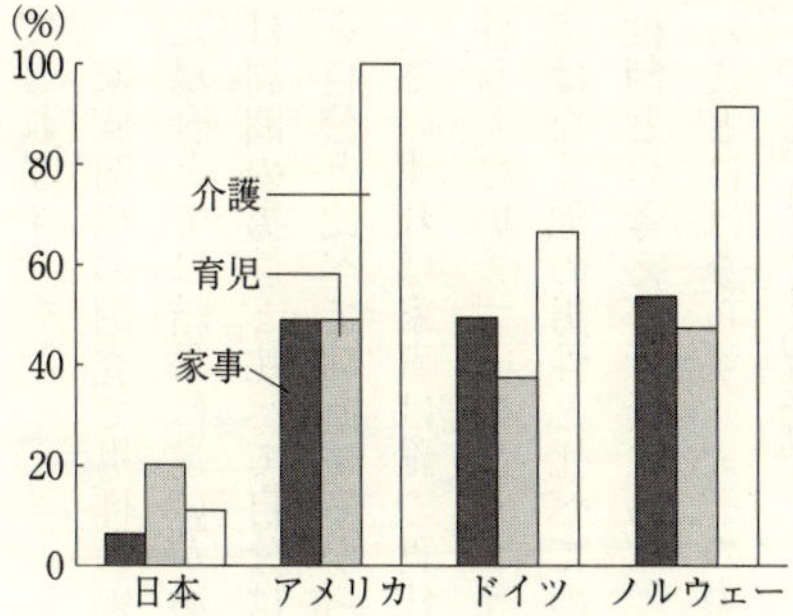

図4-8　男性の家族内ケアの国際比較
女性が家事などに費やす時間を100とした場合の，男性の参加度(%)(内閣府，1999)

てとれます。

家族関係の調査で男性の家事育児量を測定する場合、夫自身の回答と妻が（夫を）評価回答した場合とでは結果に違いがあり、夫の回答の方が高いのが通例です。このずれの一因は、男性は周囲の男性と比べて自分は「やっている」と回答するのに対して、妻は夫婦間比較つまり夫を自分と比べて判断するからです。

このずれは家事は誰の責任かの認識と関係しています。妻は、自分たち夫婦間のバランスに注目しています。つまり、家族のケア役割の衡平性という点から見ていますが、夫にはこの視点はなく他の男性と比べての自分評価です。これには、男性はしごと第一、家族ケアは主婦の役割との考えが背景にあり、自分と妻とで担うという発想は希薄ですから、自分と妻とを比べることにはならず、よその夫たちはどうか、と考えることになるのでしょう。

「家事は女性の役割」との考え方を端的に示すのが、家電製品が入った時の変化です（品田二〇〇七）。一九六〇年代、洗濯機や掃除機など家庭電化製品が急速に普及し、手作業だった家事のかなりの部分が機械に取って代わられました。この家電の導入は欧米と日本とでは違った効果をもたらしました。欧米では、それまで女性／主婦だけが担ってきた家事に男性／夫と子どもが参入しました。〝誰がスイッチを押しても同じ〟という家電の特徴が注目されてのことです。その結果、家事は誰でもできる、誰もがする家族全員のものとなり、男性も子どもも家事をする現在に繋がっています。

しかし、日本ではこの変化は起こりませんでした。家電導入後も家事は依然として主婦／女性の仕事でした。「家事は女性のしごと」との根強い考え(＝男はしごと／子どもは勉強)が、男性と子どもの家事参加を阻んだのです。「家事が一番うまいのは自分」との女性の自負が夫や子どもの家事を受け入れなかった向きもあり、それも「男子厨房に入らず」の性別分業を続けさせた一因です。子どもの家事手伝いも、日本は最も少ない国です。

ケアする体験が育むもの――養護性と配慮の道徳

家庭内ケアの分担に夫婦間で偏りがあり、ケアをするのは妻／女性、ケアを受けるのは夫／男性という非対称の関係でした。この「ケアの女性化」は妻の不満を招き結婚満足度の低下の要因になっていますが、その影響は夫／男性側にはより重大な形で現れています。ケアされることは安楽・快適で、結婚満足度を高めてはいます。

しかし、ケアされるだけで自分がケアする体験をもたないことは、他者とりわけ自分より弱い／幼い／病む人への思いやりや受容し配慮する心に欠け、さらにその人の力になり援助する行動は起こり難くさせます。「おとな」であることの条件はいうまでもなく自立です。しかしそれだけでは「おとな」ではありません。幼弱病老者への配慮と援助――ケアの心と力を備えていることは、おとなの必須の条件です。ケアすることは即おとなが育つ条件です。このことがこれまで看過されてきました。とりわけ男性はこれまでケアすることは期待されずにきました。妻から身の回り万端のケアを受ける「もう一人の子ども」だったのです。このことは、男性に他者への配慮という心とケアの力の未発達をもたらしました。

それだけではありません。ギリガンは道徳性の発達は男性と女性では違う——男性は客観的正義と公正を、女性は他者への配慮を、それぞれ善悪判断の基準とするという違いを指摘しました。この違いは、ケアの主体となるケアラー体験の有無／多少によっています。自らケアラーとなることは少なくケアの受け手に終始している(ケアされる)生活は、客観的正義だの公正だので善悪を判断できますが、ケアラーとなった体験は身近な人の個別の事情や感情を無視できません。他者への配慮は客観的正義や公正以上に重要となるからです。

ギリガンの指摘は今のところ事実でしょう。しかし、それでいいといえるでしょうか。これはこれまで女性の役割とされ女性が担ってきた「ケアの女性化」の結果であり、それは男性女性双方の発達の偏りです。男性と女性が違った世界に住み異なる体験をする、その結果生じた偏りです。「ケアは女性」は少子にして超長命化によって破綻し、男女とも担う必要が生じました。男性も女性も育児家事介護などケアを同等に担うようになった時、男性と女性の道徳判断がかっきり違う状態は解消し、男性女性いずれもが公正と正義と同時に他者への配慮も価値判断の軸としてもつ多角的で柔軟な心の発達に向かうでしょう。それは、激しい社会変動と情報が溢《あふ》れ超長命となった今日、男女を問わず求められる「おとなの育つ条件」です。

新しい男性の出現――「男―稼ぎ手」ジェンダーからの離脱

女性には、職業や家族状況によっていろいろな女性がいます。有職でもフルタイム、パート、キャリア、家族状況では既婚、未婚、離婚、再婚、子の有無、母子家庭、など実に多様です。そして女性は有職でも家事育児を担い、複数の役割に従事しています。それに比べて男性のバラエティは小さく、かなり均一です。最新の国勢調査によりますと、無職の夫はわずか四％で、ほとんどの既婚男性は職業をもち稼ぎ手としての生活をしています。

このように女性に比べて一枚岩にみえる男性ですが、最近、少しずつ変化し、多様な男性が現れています。三～四歳児をもつ育児期男性が自分のエネルギーを仕事、家庭、自分個人の活動にどれ位投入しているかの回答から、三タイプが見出されています（図４-９）。

しごとに七〇％のエネルギーを投入する「仕事中心型」と、仕事に半分、残り半分を自分の趣味と家庭に配分する「仕事＋余暇型」とがほぼ同数で、この二タイプで全体の約七割を占めています。どちらのタイプでも、家庭は妻の責任で自分のエネルギー投入の主対象ではなく、基本的には性別分業のカップルといえるでしょう。

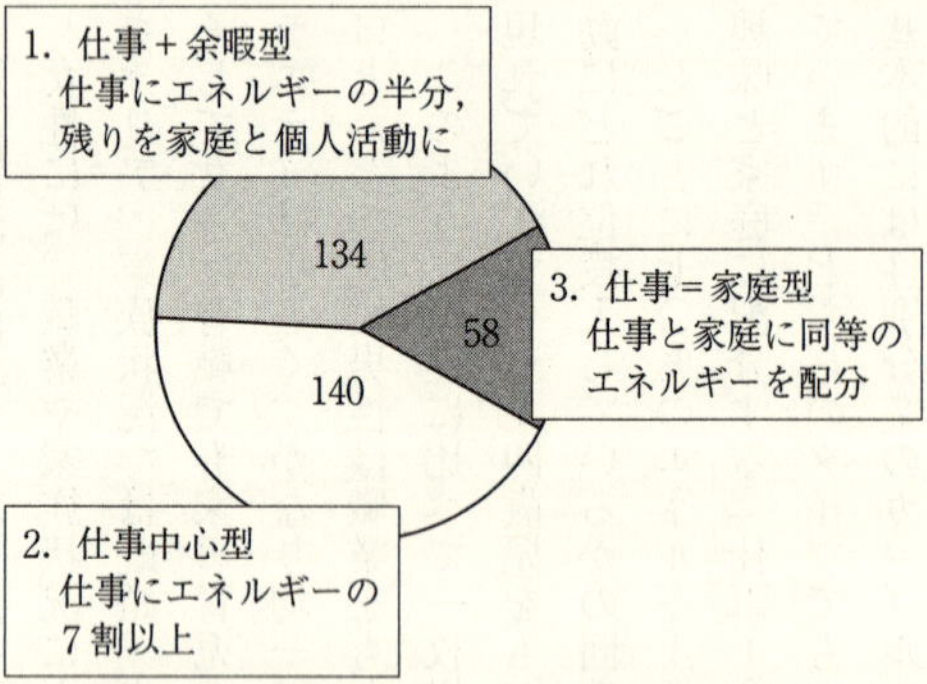

図4-9　育児期男性のタイプ(大野，2012から)

これに対して、家庭に仕事と同等のエネルギーを投入している「仕事＝家庭型」の男性が全体からみればまだ少数派ですが、無視できない数で存在しています。この男性たちは「男はしごと／女は家事育児」のジェンダー規範から自由で、職業生活と家庭生活を送っている様子がインタビューでの語りに窺えます。このような男性の出現は、日本の男性の人格発達上、画期的なことです。

日本の男性は「父親になる」が「父親をする(育児する)」ことが少ない点で他国の男性とは大違いです。日米の父親を比較した研究で育児量が断然多いアメリカの男性は、日々充実を味わい「父親である自分」が好きだと回答しており、日本の男性の生活充実感の低さ、父親としての自己評価の少なさと対照的です(林二〇一三)。

「イクメン」と珍種のようにいわれます。男性が「親をする」から降りてしまっている日本では確かに珍種でしょう。けれども人間の男性は、「親になる」だけでなく「親をする」、つまりイクメンが本来、当たり前なのです(後述)。

稼ぎも家事育児も夫と妻の共同責任――ワークライフバランスはコインの両面

この男性たちに共通する特徴は、まず家事分担についてです。それは量のみならず質の差に表れます。つまり家事へのコミットメントが高いことです。頼まれたから、手があいているから、気分転換に、といった「お手伝い」ではなく、自分の責任として主体的に関わっています。

第二の特徴は、稼得責任を妻と共同で担っていることです。妻の稼得が（夫より）高いことは夫の沽券にかかわるとされがちですが、この男性たちでは妻の稼得役割分担率が高いほど生活満足度が高いのです。「男は仕事」「夫は稼ぎ手」という意識からの解放と男女平等の意識あってのことでしょう。

第三の特徴は「家庭のためにしごとを調整する」生き方です。しごと優先で、家庭のためにしごとを調整することなどしない、しごと中心タイプの男性とは対照的です。しごとと家庭のバランスをとるために、しごとにのめり込まないよう自制心をもつ、勤務時間内に集中的効率的に働く、仕事上のつき合いは断るわりきりをもつなどを心がけ、実践しています。

とはいえ、しごとをないがしろにしてはいません。しごとの能力にも実績にも自信をもちしごとを楽しんでいます。勤務時間内は精一杯しごとをする、他方、家庭役割も精一杯する姿勢が鮮明で、これは、有職女性のスタイルに通じるものです。

この男性たちのしごとと家庭双方に関わる生活をみますと、男性の家庭関与つまり「ケアの女性化」からの脱皮は即ち男女が（あらゆる場に）共同（で）参画（すること）であり、さらにワークライフバランスでもあることがよく判ります。政府が喧伝しているワークライフバランスと男女共同参画の二つは、コインの両面です。

現状は、夫はワーク、妻はライフに偏り、双方がワークライフアンバランス、それは妻はケアする、夫はケアを受けるという「ケアの女性化」であり、男女が別な領域に棲み分けています。そして、それがいい結果にはなっておらずむしろ男性にも女性にも問題を孕んでいることは、これまでみてきた通りです。ワークライフバランスの重要性は、複数の異質な活動への関与は心身の健康と発達に寄与することを明らかにした産業心理学の知見が証明しているところです（第6章）。

社会変動が提起した家族・夫婦の発達課題

多くの人々は、結婚に対して親密圏――情緒的結びつきを第一に、その上でケアの授受などメンバー相互の配慮と関与が行われる持続的な関係性を求めています。これは、かつて「愛の共同体」として近代家族の理想とされてきたものですが、現在の家族ではこの要件を充たすのは困難になってきています。それどころか、家族そのものが対立、暴力、不安不満などさまざまな問題や葛藤を露呈しているのが現実です。これまでみてきた結婚への満足度や心理的安定、夫婦間のケア関係などにもその一端がみられたことでした。

いくら熱烈な恋愛の末の結婚であろうと、親密圏に葛藤はつきもの、結婚すれば心理的安定が棚ぼたのように手に入るものではありません。葛藤は二人の間だけではなく、個人内にもあり、親密さや依存を怖れ自分が呑み込まれる危惧や感情を抑制したり、逆にコントロールを失ったりという感情表出の困難など、親密さと逆行する心理に陥りやすいものだからです。親密圏を安定させ継続するには、二人の間と個人内葛藤の解決への努力は不可欠、つまりメンテナンスが必須です。

人は家族の中で成長し発達しますが、退化もするものです。結婚した夫婦間の葛藤は生活習慣から価値観にわたる広くて深刻なものです。それだけに、その葛藤の解決体験は当事者にとって貴重な発達の場です。他者理解、洞察力、相手との折衝の仕方、自己抑制などの力の発達に繫がります。これを早々に諦めたり回避したりすれば、そうした力は育たず、むしろ子ども並みに退化することになります。中高年離婚増はその一端ですが、離婚しないものの諦めて表面的に体裁を保つなど問題解決を回避している夫婦は少なくありません(図4-10)。

家族臨床の専門家は、最近、回避傾向が強く葛藤解決能力が衰えてきていると指摘しています(柏木・平木二〇〇九)。結婚当初の理想は早々に諦めて、しごとが生き甲斐の夫を「丈夫で留

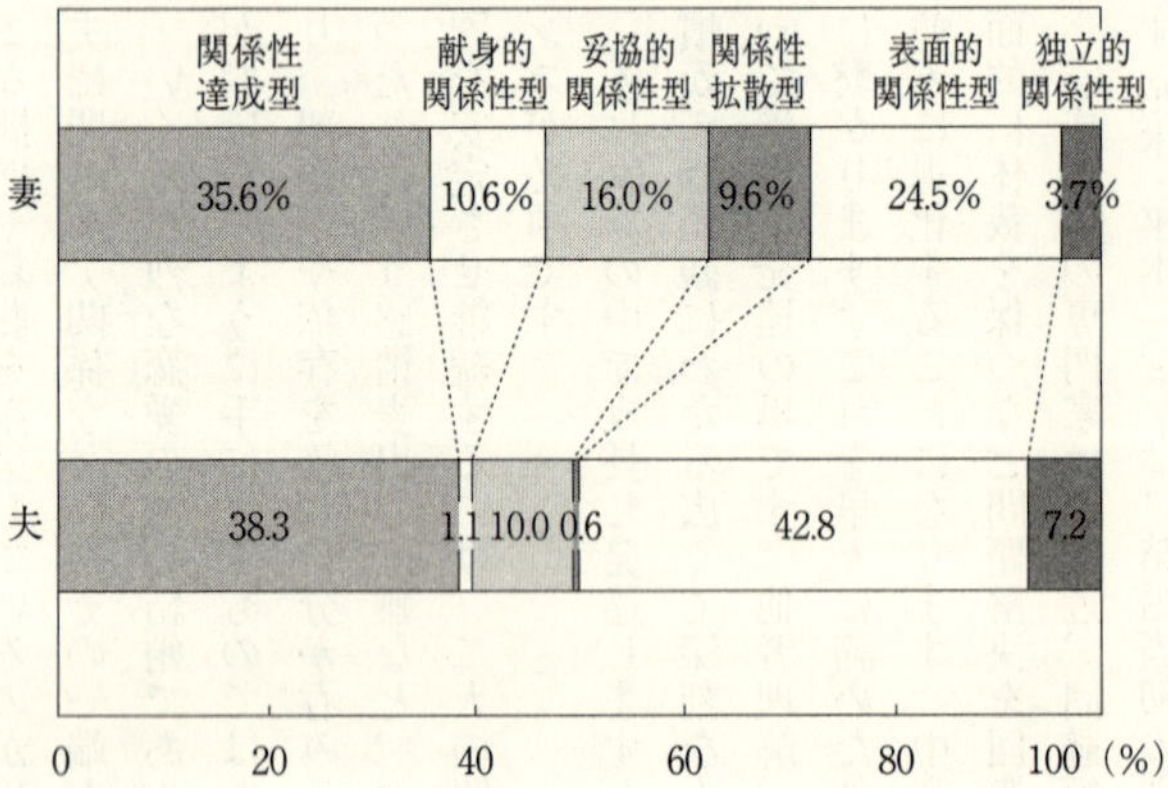

関係性達成型（人格的関係性型）	最高のめぐり合わせ．この人（配偶者）と深くわかりあえていると思う．私にとっては唯一無二の存在．
献身的関係性型	めぐり合ったのは間違いじゃないはず……．この人と心の底からわかりあいたい．あきらめたくない．
妥協的関係性型	この人とわかりあいたいと思っていた．でも，今は期待していないし，もうこのままでよい．
関係性拡散型	かつては努力をしていたが，もう傷つきたくない．どうしてこの人と出会ってしまったのだろう．別れたい，やり直したい．
表面的関係性型	なぜこの人と一緒にいるのかなんて考えたことはない．とにかく満足している．それ以上言うことはない．
独立的関係性型	なぜこの人と一緒にいるのかなんて考えるのは無意味．生きていく上で必要な人．愛している，いないなんて，私には関係のないこと．

図 4-10　高齢者の関係性ステイタスの分布（宇都宮，2004）

守がいい」つまり稼いでくれればいいとし、夫よりも友人や子どもとの関係を強めているケースの中には、夫とのパートナーシップは諦めてしまっている向きがないとはいえないでしょう。個人化志向や社会的活動と夫婦のパートナーシップとを、どうバランスのとれたものにできるかは、夫婦が取り組むべき課題です。

長期賞味期限に耐える関係へ

少子高齢化社会は家族、夫婦に深刻な影響をもたらし、従来の家族の形と機能に修正を迫っています。中でも長命化の影響は重大です。長命は即ち結婚期間の延長であり、それは結婚の賞味期限にかかわります。長期賞味に耐え得るよう、夫婦の関係のメンテナンス、仕切り直しが必須となりました。本章でみてきた結婚と夫婦に起こっている問題現象は、即ち問題提起つまり要メンテナンスの課題ですが、以下の点に要約できます。

①　ケアの女性化の是正

家族役割の授受関係の非均衡「わたし作る人／ぼく食べる人」の構図の修正です。これは、必然的に夫／男性・妻／女性双方のワークライフバランスに繋がります。具体的には、男性への家事育児介護などケアを担うこと、「家事」とは何か、誰のものかの再考、「自立」とは、経済・稼得と生活上の自立を含むことの確認です。

②　個人化志向と家族・夫婦の連帯との調和

社会の変化の一つの必然である個人化志向と家庭外の社会的活動と、家族とりわけ夫婦の心理的行動的連帯とを、共々に実践し双方に満足できる状態をつくること。夫と妻の生活の分離、しごとへの過度の没入といった現状の解決が必要であり、それはケアの女性化の是正、ワークライフバランス、男女共同参画に繋がるものです。

第5章
家族の中でのおとなの発達　2
――「親になる」こと／「親をする」こと――

ヒトの養育は必須であること、それは血縁やジェンダーを超えた養護性によることなど、他の動物にない特徴をもち、いずれも進化的基盤をもっている。ヒトの養育は比類なく長期にわたり多様な内容をもつことから、父親をはじめ複数の手が必須だが、それがうまくいっていないことから育児不安や少子化などの問題が生じている日本の現状を考える。さらに養育には終期があること、老親への子による扶養が少子高齢化によって破綻しつつある事情など、成人子と親との関係について考える。

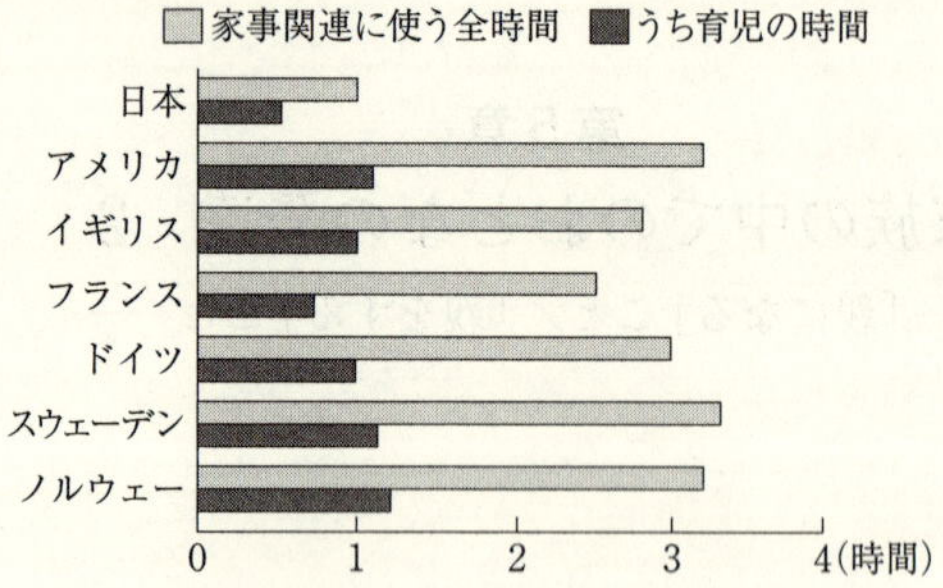

図 5-1　6 歳未満児のいる夫の家事・育児時間(週全体)
(内閣府，2008 から)

「子どもをもつと夫婦に何が起こるか」

このタイトルの翻訳書(草思社、一九九五)があります。子どもの誕生が夫婦関係に及ぼした影響を、アメリカのカップルの研究から書かれたものです。結論を一口でいえば、子どもは夫婦を引き離す、なぜなら育児に夫婦の時間も手も取られて夫婦の共行動は減り、パートナーシップが脅かされる、というものです。

日本ではどうでしょうか。結論を一言でいえば、子どもの誕生は「夫はしごと、妻は育児家事」と性別分業を確立させる、です。子の誕生前は、ほとんどのカップルが夫婦ともにしごとをもち家事は妻が大半をこなしていますが、子どもの誕生後、育児はほとんど母親となります。出産退職が多いのは日本の特徴ですが、育児は〝母の手で〟との規範が強く働いているからです。こうして育児は母親がする、男性は「親になる」けれども育児(親をする)から降りてしまうことになります(柏木二〇一一)。これが日本に特有であることは、他国の父親の家事・育児状況(図5-1)をみれば明らかです。

無職母親に強い育児不安

こうして子どもが生まれる前はあいまいだった「ケアの女性化」は、子どもの誕生で顕在化して、「男はしごと、女は家庭」の性別分業が確立します。

これを端的に示すのが家族の就寝パターンです。結婚以来、同室(床)就寝してきた夫と妻の間に子どもが割り込み(川の字)、やがて夫は別ベッド、さらに別室で寝ることさえ稀ではありません(篠田二〇〇四)。子の夜泣きなどで睡眠が妨害され明日のしごとに差し支えることがないようにとの配慮からで、夫は父親としてではなく稼ぎ手として遇されているのです。このように子の誕生を契機に確立する性別分業の体制は、後々、家族・夫婦関係と夫/男性と妻/女性それぞれの心の発達に問題をもたらすことになります。

では、この「夫はしごと、家事育児は妻」という体制はうまくいっているでしょうか?〝母の手で〟を実践している母親は幸福に楽しく子育てしているでしょうか? 答えはノーです。子どもが生まれる前、夫から「育児は君に任せて自分は安心して働くよ」「母親が育てるのが一番、それで安心して働ける」などと言われて退職する妻は少なくありません(埼玉県男女

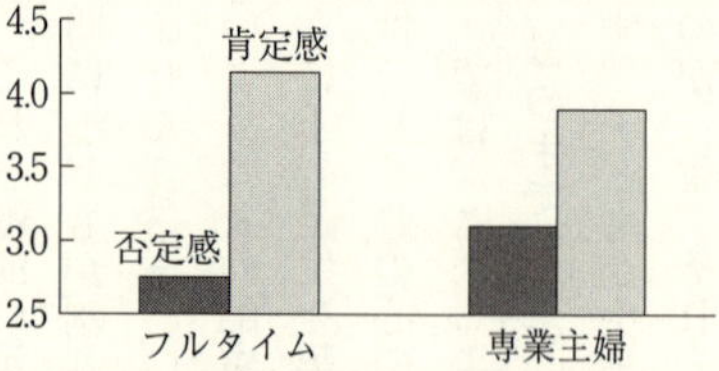

否定感≒（育児不安）
　いらいらすることが多い
　解放されたい
　親として不適格ではないかと感じる
　世の中から取り残される
　子どもがかわいくないと思うことがある

肯定感
　充実感を感じる
　自分はかけがえのない存在
　親になって成長できた
　子育ては楽しい
　子どもといると心がなごむ

図5-2　子ども・育児への感情の比較
（小坂・柏木，2007）

共同参画推進センター二〇〇三）。ところが、「安心」できない状況が起こっているのです。

育児不安は日本の母親に広くみられる現象ですが、これが共働きの母よりもむしろ〝母の手で〟がいいと退職した無職の母親に強いのです。このことは多くの研究が一致して確認しています（**図5-2**）。

昔の母親はそうではなかった、子どもは幸福の源泉であり献身的だった、昨今の女性はわがままになった、ジコチュウだと非難する向きもあります。そうではありません。人間の心——何を幸福と思い生き甲斐と思うかはいつの世もどの社会でも同じではありません。人の心というものは状況が変われば変化するもので一定普遍ではないことは、先に知能のフリン効果でもみました（第2章）。子どもや育児への感情も例外ではありません。近年の社会の変化、ライフコースの激変が女性の心に大きなインパクトを与えた、その結果なのです。

少子長命化下のライフコースと労働力女性化のインパクト

短い一生に大勢の子を産み育てた昔の女性の幸せは、「母親であること」に集約されていました。末子が結婚して親の役割を終えると、時間をおかずに、母親の寿命はつきましたから……。それが長命と少子で一変しました。一人か二人の子を育て上げた後に、二、三〇年もの歳月が残され、母ではあっても子にしてやることはない「余りの歳月」が生じました。「〇〇チャンのママ」でも「△△さんの奥さん」でもなく、個人として生きる必要が生じたのです。これは人類史上、初の事態です。

ヒトは未来を見ることのできる動物です。現在、いかに子は可愛く育児は大事でも、自分の将来を考えると不安や焦燥に駆られます。特に退職して育児を全面的に任されると、育児以外のことに使える時間も心身の余裕もなくなってしまいます。世の中はどんどん変化し、過去の勉強や職業体験ではだめだと不安もつのる、けれどもそれを補うための時間も場も心身の余裕もない、子どもは育てているけれども、自分は育っていない、と焦りや不安を抱きます。そうした現状に不満も抱きます。これが育児不安の内実なのです。

動機づけと達成感を変える——高学歴化・職業体験

高学歴化と職業体験も女性の心理に大きく影響しています(永久・柏木二〇〇〇)。教育は専門知識や技能の習得だけではなく、どのようなことをしたいか、何に達成感を抱くかといった動機づけと達成感も変化させます。料理をする、美味しいものを食べる、映画やショーをみるといった日常的家庭的な活動では満足できなくなり、自分の力を社会で発揮し評価される、人とは違ったことをする/できるなどに、意欲と達成感をもつようになりました。家庭役割だけの生活はこのような意欲や力の不完全燃焼の状態に陥らせます。

さらに、ほとんどの女性が社会で働いた経験があり、自分の力が活かされ評価されさらに鍛えられて成長する達成感を味わい、さらに仲間からの刺激、自分の稼得で生きる自由と満足感など、個人として生き自分の成長発達を熟知するようになりました。無職の母親には、この機会を失った喪失感と疎外感は小さくありません。「自分を生きる」時間・空間がない生活は、教育と職業体験によって育まれた力と意欲を発揮しさらに自分が育つことができない、心と力の発達不全の状態です。ほぼ同等の学歴と力をもった夫との落差も思い知らされます。

これを女性のわがままと非難はできません。日本では稀な育児休職を取った男性たちも、育児だけの生活に閉塞感と発達不全感を味わっています(菊池・柏木二〇〇八)。

1　家事は沢山あるし、子どもはずっとかまって欲しいし……。そういう生活がストレスだった、仕事していた方が楽だった――。

2　誰からも認められないみたいな、社会から遮断されていて誰ともコミュニケーションをとれないし……。

3　おとなの人と話がしたいと思った。誰でもいいから電話かけてくれないかな――と。

おとなの心と力の発達は、他者との交流と社会の中で自分の力を発揮し評価され鍛えられることなしには不可能です。そして、自分が育っていない者が子を育てることは難しいのです。

親資源投資としての育児――資源配分キャリアプラン

育児不安のメカニズムは、親資源投資という視点からみると理解しやすいものです。育児とは、親がもっている資源――時間、心身のエネルギー、経済を子に投資する営みです。この資源はいずれも有限で、しかも親自身の生存成長にも不可欠の資源です。子を持つ前は、時間も心身のエネルギーも自分の資源はほとんど自分の活動や生活のために使い、そうすることで満足し発達していました。それが無職になると、子ども／育児だけに資源がいってしまい、自分のために使える時間も心身エネルギーもない状態に陥ってしまいます。

有限の自己資源を自分と子にどう配分するか――投資配分という課題があるのに、それを冷静に検討せずに仕事を辞め子どもを持ってしまった、その結果が育児不安なのです。金原ひとみは、夫からも母親からも「母親なんだから」と〝母の手で〟を当然視されて育児している母親たちの心理を赤裸々に描いています(『マザーズ』新潮社、二〇一一)。一人の母親は子を溺愛し懸命に育児しながら、孤独と焦燥、不満に駆られ遂に虐待に走ってしまうのですが、その母親は「可愛い君の子どもが早く欲しい」との夫の言葉にほだされて子産みを決断してしまった、つまり冷静な投資戦略が夫との間になかった、その果ての虐待です。

最近、キャリアプランということがしきりにいわれますが、キャリアとは職業を指すのではありません。自分がどう生きるか、全生涯にわたる計画です。職業のみならず結婚、出産、育児は重要なキャリア、それらへの資源投資戦略がキャリア(ライフ)プランです。これは、受胎調節もできず多産で、人生は短く労働はマンパワーだった時代には不要なことでした。長命で少子となった今、母でも妻でもなく個人として生きるというテーマが浮上し、育児だけへの投資では済まず自分への投資が必要となったのです。

投資戦略の失敗のゆくえ――教育ママと育児放棄／虐待

最近、二つの背反する母親がいます。子の教育に熱中する母親と、育児放棄さらに虐待に走る母親です。二つは全く逆方向ですが、いずれも育児不安の根本的解決をあいまいにしたまま、つまり資源投資戦略の失敗の結果です。育児を全面的に任かされた無職の母親は、自分への投資は不可能と諦め、子の養育を失敗しないよう、子の成功は自分の成功と、全エネルギーを子に投入する方向に向かいます。この母親たちの「よかれ」との過剰介入が子の自発的な成長への意欲も力もそいでしまっていることは少なくありません。子どもには「がんばれ」「勉強を」といいながら、自らは頑張りもせず育っていない親の言葉は全く説得力をもちません。子どもというものは親がいうことはしない、親がしていることをするものだからです。

虐待も資源投資戦略の失敗が一因です。『マザーズ』の母親は孤独な育児に格闘しながら、少しほっとしたいと思っている時に、すがりつく子どもに力つきたかのように手を上げ虐待に走ってしまっています。この母親は、夫の「子どもが欲しい」との言葉にほだされて子を持ったのでした。子どもが欲しいと生殖治療を重ねたカップルが、治療に成功して子どもを授かると子の誕生を喜び満足しますが、育てる意欲がなくなってしまうケースが少なくありません。

生殖医療には時間も経済も大量の資源を投資しながら、子を育てることへの意欲や資源は失せてしまうのでしょうか。母親の「なぜ子を産むか」の理由には「妊娠出産を経験したい」（柏木・永久一九九九）はありますが、「育ててみたい」はありません。これらを考え合わせると、「子どもが欲しい」ではなく「子どもを育てたい」意欲とそのための賢明な投資戦略が必要だ

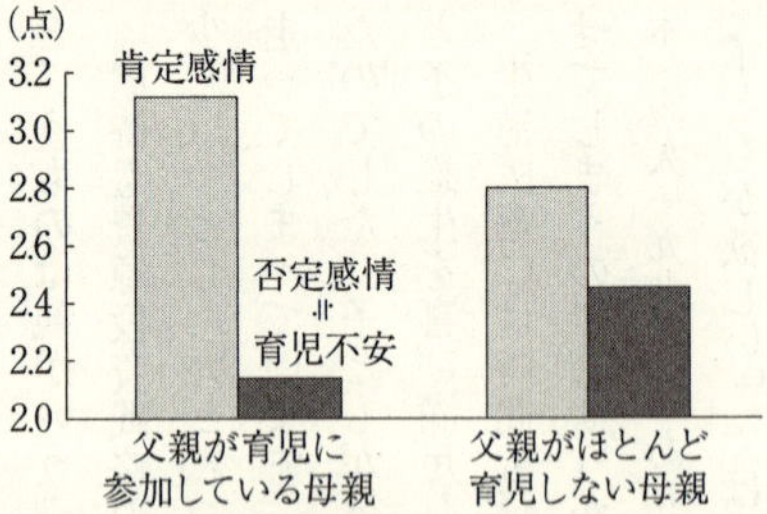

図 5-3　父親の育児参加度と母親の育児感情
（柏木・若松，1994）

と痛感させられます。

父親の育児の意味——父親の育児不在は少子化の元凶

「〝母の手で〟がいい、家のことは君に任せて——」と一家の稼ぎ手になった夫が家庭は二の次となるのは自然の成り行きでしょう。他国に比して育児参加が極めて少ない（図5-1参照）のはこの結果です。しかし、父親の育児不在は諸処にネガティブな影響をもたらしています。まず母親の育児不安を増幅させます（図5-3）。育児不安が強まった母親は、安定した気持ちで子どもに向き合うことはできず、さらに夫と自分との不公平感も強めています。夫は「安心して一任」などできないのです。

多くのカップルの理想は「子ども二人」ですが、現実は出生率一・三、少子化が進行しています。その理由の一つが父親の育児不在です。休日の父親の育児時間別に第二子の出生確率をみた調査では、父親の育児参加と出生率とは完全に対応しており、父親の育児関与が多いほど出生率が高いことを明らかにしています（図5-4）。

「早く君の子が欲しい」といった夫が育児には全くかかわらず以前と変わらない生活をして

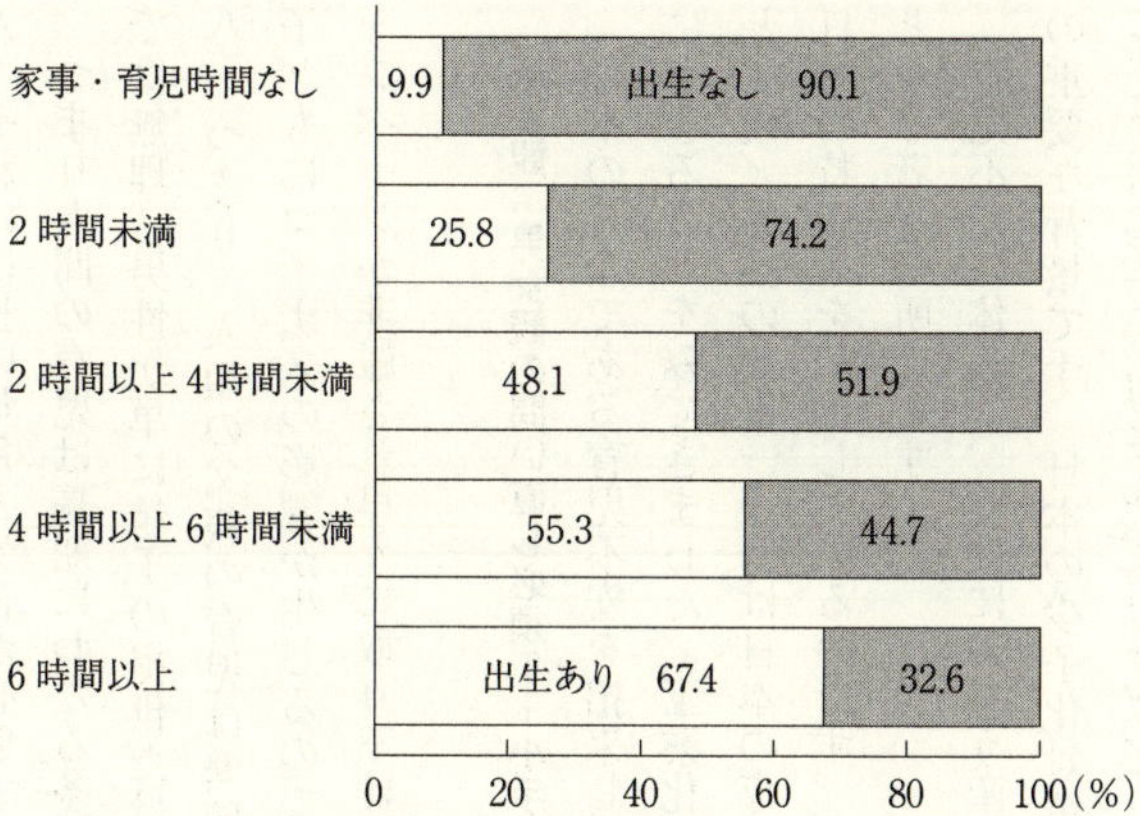

図5-4　父親の休日の家事・育児時間別に見た（8年間の）第2子以降の出生状況（厚生労働省，2012）

いることに、『マザーズ』の母親は怒りを爆発させています。「もう産むものか！」と覚悟するでしょう。本気で出生率を上げようとするなら、男性／父親の育児を増やす仕組みを具体的に施行しなければダメです。

人類の父親は進化の産物――精子提供だけでは人間の父親ではない

なぜ父親の育児不在はマイナスに作用するのでしょうか。それは人間の子どもの発達の特殊な事情によっています。全くの未熟無能で誕生する人間の赤ちゃんには、万全の保護、養育が必要です。しかも他の動物のように自食自力移動（餌をとる・飛べる・歩ける）ができれば即自立、とはいえず、知識、道徳、社会性などなど多様な力をしつけなければ「一人前」にはなりません。それには長い年月と労苦が必要です。

つまり人間の育児は長期にわたる多様で多難な養育課題なのです。この課題達成は母親一人では無理。男性が単に精子の提供だけでなく、子育てするように進化したのです(小原一九九八)。つまり、人類の父親の育児は繁殖上必須のこと。だから父親の育児が欠けると、母親や子どもにマイナスの影響が生じるのです。「育児しない男を父とは呼ばない」との厚労省のキャンペーンが非難され早々に取り下げられましたが、それは誤りではありません。正論です。

家族観、男女観の問い直し必須——小手先の対策では解決不可能

日本の特産である育児不安を招来している要因が、母親の無職であること、父親の育児不在につきることをみてきました。工業化も高学歴化も進んだ国々の中で、女性の社会進出の低さと父親/男性の仕事一辺倒は日本の専売特許ともいえる特徴です。この二つが育児不安という日本の特産品を産出しているのです。いずれも「男はしごと/女は家事育児」との分業をよしとする考えの所産です。

育児不安の体験は、女性に「もう産むものか!」と思わせます。この女性の心理こそ少子化の重要な背景です。日本の少子化対策はこれをまともに取り上げていません。依然として、「子どもは家でお母さんが育てるのがいい、日本の伝統だ」などという政治家も少なくありま

せん。

もし政府が本気で少子化を止めようとするなら、女性が子どもを産もうと積極的に思えない制度や慣行、風土を変えなければ不可能です。会社の仕組みも労働も男性を前提につくられている、残業は日常茶飯、休日出勤も当たり前……。それは男性が家庭のことは何もしなくていい、子育ても家事も女性の責任とする考え方と現状の産物です。男女がほぼ同等な学歴となった、力も意欲もある女性、男でなければできない労働はほとんどなくなりました。他方、子育ては男女いずれも可能だし必要となった。こうした社会の変化に鈍感だから、「日本の伝統」などといえるのです。家族観や男女観について根本的な問い直しなしに、育児不安も少子化も解決しないでしょう。

養護性――人間に備わっている子どもを育む力と心

そうはいっても、やはり父親と母親は違うのでは？　男親は女親にはかなわない、といわれるかもしれません。九ヶ月も自分の胎内で育ててきたしおっぱいも出るのだから――と。しかしそうではないのです。妊娠／出産と哺乳はいかに医学が進歩しても女性しかできず、その限りでは男親は女親にはかないません。けれども、子を愛し育てる心と力は女性だけのものでも、また本能でもありません。

人間は、小さくか弱いものを「かわいい！」と思ってひきつけられ、何かしてやりたいと思わず手を差し伸べ、なにくれとなく世話をする傾向を、男も女ももっています。これは、自分が関心をもつ他者に関与したいという、人間だけに備わるおせっかいともいえる特質で、養護性といいます。「幼い子どもが泣いていると何とかしてあげたいと思う」「小さな子どもを見ると自分も笑顔になっている」などです。このような心と力は女性だけでなく男性にもあり、また血縁の有無も関係ありません(柳澤二〇一二)。

単純に比較すると、この養護性は概して女性の方が強いのですが、出生順位による差があり、男性でも女性でも長子は末っ子や一人っ子よりも養護性が強いのです。幼い子との接触や世話の体験によって養護性は、育まれ強められるのです。

子への愛情や世話／育児行動を司るホルモン——女性にも男性にも

養護性が性を超えた特性であることには生理的根拠があります。哺乳類には分娩、哺乳など出産養育の機能を活性化させる二種のホルモンが備わっています。脳下垂体後葉から分泌されるオキシトシン、前葉から分泌されるプロラクチンです。これらのホルモンは分娩や哺乳時に大量に分泌され子宮や乳腺の活動を活性化させますが、心理行動面にも変化を生じさせ、子への愛情や積極的な世話などを促進するのです。

このホルモンは母親だけでなく父親でも分泌され、子への愛情や世話行動を促進し子育てに積極的に関わることでこのホルモンはさらに活性化します。このように養護性を喚起し強めるホルモンは男女双方に備わっているのですが、男性は育児することが少ないために、このホルモンの活動は活性化されず、養護性は低いものに留まっているのです。男性がもっている育児する力を発揮し活性化する機会が、「育児は母の手で」によって妨げられているといえましょう。

人類の育児は複数養育が必要です。父親に加えて祖父母、きょうだい、近隣の人々、保育者など多様な複数の人が子の養育に携わるのが人間の育児――アロマザリング、アロケアです*(根ケ山・柏木二〇一〇)。血縁や性を問わず養護性をもつ人間ならではのもので、これが長期にわたる人間の多様な養育課題を成功させてきたのです。しかし、日本の父親不在の現状はこれに反する事態といえるでしょう。

*養育することをマザリングというが、親以外の人による養育をアロマザリングまたはアロケアという。

父親と母親は違うのか？――育児の責任と体験の違いが決め手

それでも現実の父親と母親の育児行動は違う、何といっても母親がうまい、と思われるかもしれません。そう、機嫌のわるい子を巧くなだめ、手早く着替えさせ、すぐ泣きやませるなど、母親の子どもの扱いは上手です。しかしこの差は男女の生物学的差に由来するものではありません。母親も最初から育児上手なのではありません。母親は育児の第一責任者、そして父親は二番手で助っ人役、この立場の違いが子への気持ちや世話の違いを生んでいるのです。自分が第一責任者となれば、退くにひけず待ったなしに育児を工夫します。責任感も育児量も違ってきます。その結果、子への愛情も深まり適切な世話のスキルを身につけてゆくのです。

自分の子どもの泣き声に母親は敏感だといわれます。しかしそれも母親だからではありません。自分の子どもと他の子どもの泣き声を識別する能力は、父親も母親に劣りません。違いがあるのは「育児をしない」父親だということも実証されています。

子どもと過ごす時間と経験が、子への敏感さと適切な対応の力を育てるのです。養育に関係するホルモンは男女ともに持っている、そして学習能力の高いヒトなのですから、当然です。育児から降りてしまった父親はこの発達不全、幼いもの弱いものをかわいがり育む力を欠くことになるのです。

このことを示す興味深い研究があります。アメリカでは、父親が育児の第一責任者、母親は外勤で主な稼ぎ手という日本ではあまりないカップルが少なくありません。その父親と普通の父親(つまり助《すけ》っ人《と》的立場)、それと母親の赤ちゃんへの行動を比較したのです。図は結果の一部

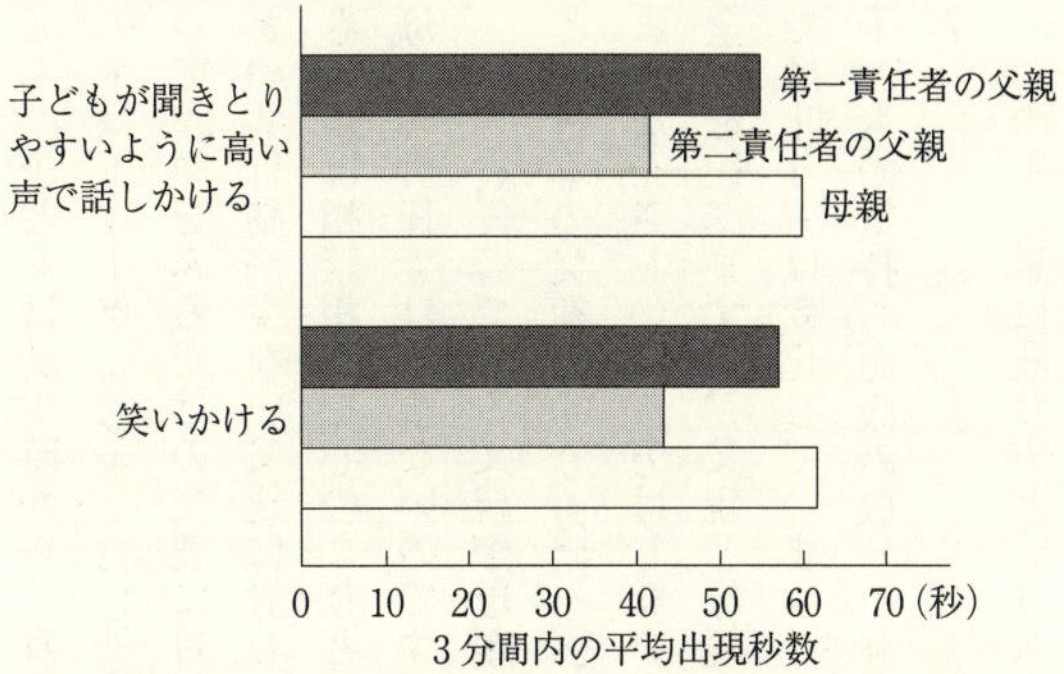

図 5-5　第一責任者(主な養育者)の父親，第二責任者の父親，母親の子どもに対する行動(Field, 1978)

ですが、「高音で話しかける」「笑いかける」など子どもがよろこぶ対応が、育児第一責任者をしている父親では母親と遜色なく見られ、助っ人の立場の父親とはかけ離れています(図5-5)。

男性であれ女性であれ、自分が育児の第一責任者となれば、待ったなしの事態に対処しなければならず、育児のスキルは鍛えられ子への感情や態度も強められます。オキシトシンの分泌も促進され、子どもの気持ちを読み取る力、共感、子どもに即した柔軟な対応などを身につけます。「女親にはかなわない」のは、父親が育児しないから、つまり学習し発達しないからで、決して男だからではないのです。

不在の父親は子どもにも疎まれる

父親の育児不在の影響は母親だけではありません。しごと第一で家庭不在の父親は子どもにも疎まれています。「男親の出番は子どもが青年期になってから」との言説がありますが、そうではありません。子どもは幼少時から、身近にいて応答的に関わってくれる人に愛着し、頼りにする自分のネットワーク(コンボイ)に加えるものです。日中ほとんど不在、いても育児はしない、夜帰って寝顔をみるだけの父親に対して、子どもの愛着は育ちにくいものです。家庭不在で子どもとの共行動が少ない父親に対して、小学生の子どもの評価はことごとく低く(**図5-6**)、青年でも父親は相談相手や心のよりどころになっていません。父親の出番は青年期ではない、育児は母親の責任では済まないのです。

第一責任者である父親が母親に匹敵する育児力を発揮していることをみましたが、同様なことが日本の父親の叱り方についても認められています。「厳父慈母」といわれ、父親は母親のようなやさしい叱り方はしないもの、それがいいのだといわれます。確かに単純に父親と母親全体を比べますと、父親と母親の叱り方は対照的……厳父慈母的です。しかし、育児する父親では叱り方は変化しています。日頃頻繁に育児している父親は頭ごなしに叱ることは少なく、子どもの気持ちを汲み取ったり状況を説明したりして柔軟に説得する方式が多いのです(**図5-7**)。

この差は単に叱り方というスキルの違いではありません。叱り方の背後にある子ども理解、共感、柔軟性などの体得です。頻繁に子どもと接していますと、叱るチャンスが増えます。そして頭ごなしに叱っても効果がない、それどころか子との関係も悪化してしまうことを経験します。そこで、ちょっと間をおいて子の様子をみる、子の興味や力に応じたことばや表現をあれこれ工夫するなどします。そうした子への姿勢態度を身につけた結果が叱り方の変化です。親は最初から子育てのベテランではなく、試行錯誤する中で発達するものなのです。

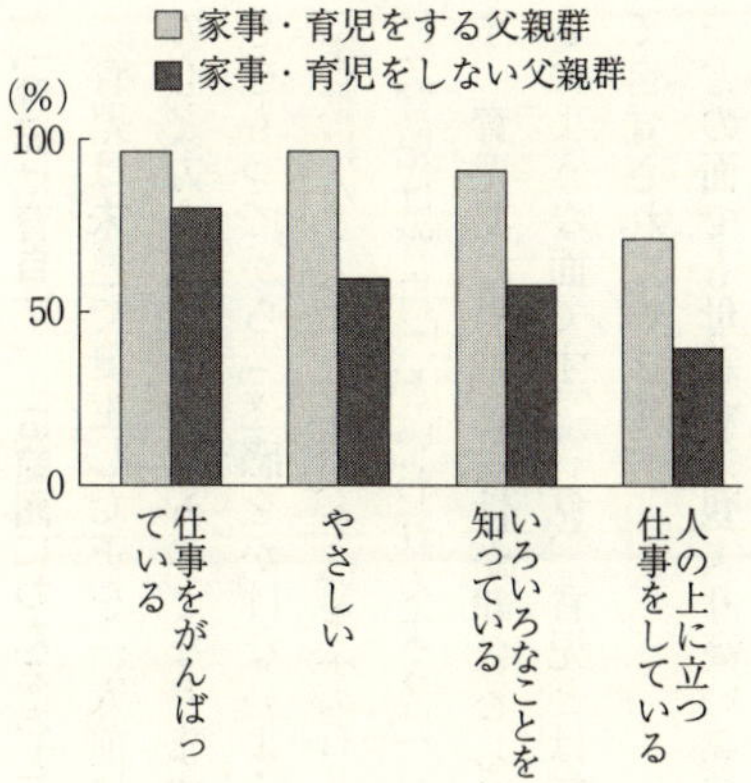

図 5-6 子どもの父親評価(深谷, 1996)

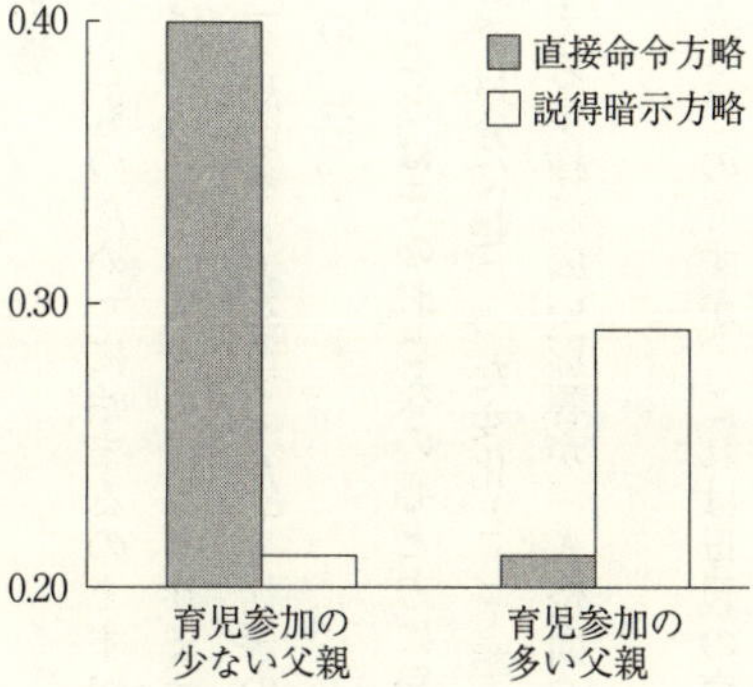

図 5-7 育児参加の多い父親と少ない父親のしつけの違い(目良, 1997)

「育児は育自」――広範囲にわたるおとなの発達の場

育児は未熟で誕生した子を一人前にする「子どものため」に始まるのですが、それをする人の心と力を発達させるものとなります。それは単に育児のスキルに留まりません。父親は子どもをもってから「迷惑をかけないよう心がけ」「思いやりが深まった」「仕事の意欲がわいた」「柔軟になった」と述べています（石井クンツ二〇一三）。

「育児は育自」といわれるように、育児することはそのおとなの心と力に発達をもたらします。育児期の男性と女性が親になる前と後とで自分に起こった変化として挙げたのは、図5-8のような面です。一見、育児とは無縁に思える多様で広い影響が、人格面や価値観にわたって自覚されています。

どの面でも母親が父親より高い（変化発達が大きい）のですが、これは母親の育児量の大差と第一責任者であることによるでしょう。頼まれたから、手が空いているから、気分転換に、などお手伝い的ではなく、自分の責任だと強く意識して育児することが、このような発達をもたらしているのです。育休を取った父親たちにもこの発達が見出されています（菊池・柏木二〇〇八）。

母であれ父であれ、育児をいざ始めてみると、思うようにうまくいかず、赤ちゃんを前に自分は無力だと思わされる。しかし、待ったなしの育児に格闘している中で、子どもの機嫌や体調をうまく汲み取れるようになる……。

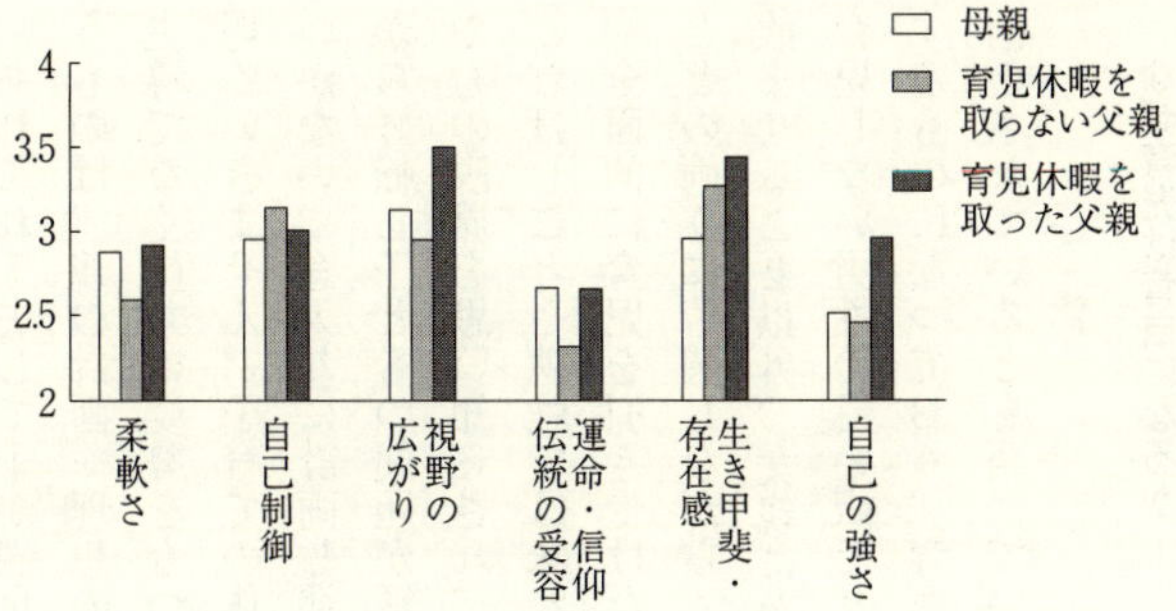

柔軟さ	角がとれて丸くなった 考え方が柔軟になった 他人に対して寛大になった 精神的にタフになった
自己制御	他人の迷惑にならないように心がけるようになった 自分のほしいものなどを我慢できるようになった 他人の立場や気持ちをくみとるようになった
視野の広がり	日本や世界の将来について関心が増した 環境問題(大気汚染・食品公害)に関心が増した 児童福祉や教育問題に関心をもつようになった 一人ひとりがかけがえのない存在だと思うようになった
運命・信仰・伝統の受容	物ごとを運命だと受け入れるようになった 運の巡りあわせを考えるようになった 常識やしきたりを考えるようになった
生き甲斐・存在感	生きている張りが増した 長生きしなければと思うようになった 自分がなくてはならない存在だと思うようになった より計画的になった
自己の強さ	多少他の人と摩擦があっても，自分の主張は，と通すようになった 自分の立場や考えはちゃんと主張しなければと思うようになった 物ごとに積極的になった

図 5-8　育児経験による自身の変化(柏木・若松，1994)

あれこれ工夫して子が満足し喜ぶ体験を重ねることで、親は成長します。子どもの養育というものは、親の計画や理想の実行では効果がありません。それどころかむしろ逆効果です。親主導でなく待ちの姿勢をもつ、子の特徴やその時の状況をよく見て汲み取って対応しなければ巧くいきません。子育ての体験は否応なくこの態度と力を鍛えます。熱心に努力してもうまくいかない、念入りに計画し準備してもダメになる、といった挫折経験、ところがひょんなことから好転し子どもの問題が解消してしまうことにも出会います。このような体験は人間の知恵や力の限界を思い知らされ、人知を超えたものの意思や力を認めざるを得なくさせるでしょう。これはしごとや勉強では味わいにくいことです。

全面的に育児を引き受けた父親や育休を取った父親は、最初は慣れない育児に翻弄されしごととの両立に苦闘しながら、次第に育児のベテランになっています。そして男性はおっぱいを飲ませること以外、女親にかなわないことは何一つないと明言し、「女親にはかなわない」は育児しない男性の言い訳だと異口同音に述べています。そして親になっての発達は母親に匹敵するものになっており、育児体験で体得した、状況を読み臨機応変に対処する力は、しごとに活かされているとも語っています(土堤内二〇〇四、田村二〇〇六、大島二〇一一)。

なぜ育児は育自になるか――エリクソンの「世代性」に匹敵する力と心

しごとというものはしっかり考えて計画し時間をかけて努力すれば、おおむねそれなりの成果は上がるものです。しかし育児はそうはいきません。いくら丹念に計画してもその通りにはいかない、それどころか計画は覆される、努力してもその成果が上がるとは限らない、かえって裏目にでることも少なくありません。そこで必要なのは育てる側の計画や努力ではなく、子どもの気持ちや状態を汲み取りそれに寄り添う心です。変わりやすい機嫌や体調に臨機応変に対応する柔軟性が求められます。このような体験が育児する人を鍛え、それまでとは違った新しい感性や力を育てることになるのでしょう。

柔軟な対処スタイル、人知を超えたものへの信頼、子や家族外の他者への広い関心など、親をすることによる心理的発達は、エリクソンがおとなの発達課題として強調している「生殖性」にあたるものです。

父親の育児不在は父親の発達の偏りへ

父親の育児関与が少ないことは配偶者や子どもへのマイナスの影響以上に、父親本人、男性自身の発達に深刻な影響をもたらしています。

家のことは妻に任せ一家の稼ぎ手となった男性は、職業上の知識や技能を習得し有能な職業人となるでしょう。しかし、子どもとの生活や育児から遠ざかったしごと世界だけの生活は、男性にも本来備わっている養護性が発揮されず作動スイッチはオフ状態、ホルモンも活性化されません。育児や家事はおろか、自分の身の回りのことも妻にしてもらっている男性は少なくありません。

育児する機会が少なくケアされる立場にいると、このような体験はもてず、自分より幼い／弱い者に寄り添う心と力が育ちにくいことになります。ケアを受けていることは安楽かもしれませんが、おとなにとって重要な心と力の発達の機会を逸していることになっているのです。「もう一人の子ども」として夫をケアしている妻は、夫を大事にしているようでいて、実は夫を一人前とは見なしていない、そして粗大ゴミ化を進めておとなの発達から疎外しているとも考えられるでしょう。

「親になる」だけではなく「親をする」ことはこのような発達を強めます。単に意識だけではなく育児力も強まるのです。育休取得の父親が父親全体よりも親となってからの発達がより顕著なのは、これを示しています(図5-8参照)。

子どものことで相談に来るのはほとんど母親ですが、来談を求められて父親が相談に加わることで、子どもの問題が解決に向かう場合が少なくありません。が、それ以上に父親自身の変化が顕著です。子どものことは母親／妻まかせだった父親は、臨床相談に来て初めて子どもに眼を向けさせられ、育児にも少しずつ関わるようになっての変化……これが発達です。

「辞め時」を逸した弊害――問い直される親子の関係

親子の問題は幼少期のほか、もっと重大な問題があります。成人した子と親の関係です。人間には育児は絶対必要です。けれどもそれには終期があるものです。育児の目標は子の自立、従って子の自立は即「親をする」の終期です。親は終生「親である」のですが、「親をする」は延々と続くものではなく、また続けてはならないものです。これがうまくいっていない――辞め時を知らず、時機を逸したケースが多いのが昨今の日本です。婚活も、本人でなく「親が出る時代」（婚活あっせん業のコピー）なのです。

延々と親の庇護を受けている成人子――パラサイトはもちろん、ひきこもりもその一端――、その結果は成熟の遅れです。子どもにとって「一人前」になる最後の課題は、親からの心理的自立、個体化――自分と親は独立の個体であるとの認識をもつことです。それは親の家を離れることで促進されます。これが、延々と続く親元での生活で困難になっています。

外国旅行から帰った大学生が、「高校生に間違えられた！」と嬉しげに話すのを何度か聞いたことがあります。これは、若く見られたのではありません。稚くみえたのです。親がかりの生活（欧米では一八歳頃に親の家を出るのは当然）の結果の成熟の遅れです。就職し自食可能となった子が親の家にいるパラサイトでは、子が家計に入れるのは僅かで家事は母親に依存する生活、とりわけ男子でそれが著しいのです(宮本二〇〇四)。日常生活スキルの発達不全が男子に顕著なのは、当然でしょう。

問題は親の側にも生じます。親とりわけ母親の、子どもからの自立不全です。親が子どもと独立した個体として生きていれば、子との分離は容易ですが、それがないために子離れ困難、不全なのです。育児とは子の自立のためのもの、親の生き甲斐のためではありません。子との分離、親と子の独立は当然、「子別れとしての育児」(根ケ山二〇〇六)なのです。

親世代が子どもより経済力があり心身健康な時期が長くなったことが、「親をする」の延長と過剰をもたらし、少子化がそれを助長しました。さらに、親の愛情というものは子に「できるだけのことをしてやる」ことだという考えが日本では広く流布しています。そもそも、「できるだけのことをしてやる」がプラスに働くのは、親がそれほど富裕でなくまた多子の場合です。それが変わってしまった今、親の「できるだけのことをしてやる」は最適性を喪失しました。なのに、それが延々と続いていることでマイナスに作用しているのです。

さらに重要な背景は、「子どもと結婚しているような妻、しごとと浮気している夫」という夫婦の関係です。「夫/男はしごと、妻/女は家庭・家事育児」との性別分業は、夫と妻のパートナーシップを育てず、母と子の関係が過度に強い家族構造を作りました。子の自立—分離は母親にとって子との蜜月の終焉、そこで子離れができない、したくないのです。夫と二人の生活は話もはずまず親密圏でもない、それは避けたいことだからです。親子関係の修正は夫婦関係の再編なしには不可能です。

「親孝行」を揺るがす社会変動

親の老後を子が扶養するいわゆる親孝行は、儒教に源流があり中国では法で定められています。日本では戦後、長子相続制が廃止され、子ども全員で親の扶養を担う形で実践されてきました。しかし、これが少子にして高齢化という事態によって揺らぎをみせています。かつては「よい習慣」であり親の介護を子として当然の責務と考えていたのが、近年その意見は急激に減少し、「(社会的制度や施設によるべきだが不備なので子がするのは)やむを得ない」、が主流になってきています(**図5-9**)。

少子による長期の介護を考えての、率直な回答でしょう。そもそも親の介護を子が全面的に引き受けることは、介護期間がそれほど長くなく子も大勢いたことで可能でした。それが少子になり高齢化つまり介護の長期化で不可能となったのです。社会の変化によって親孝行の美徳は終焉した(深谷一九九五)のです。非情だと一概にはいえない、少子高齢化が親と子の関係の変更を否応なく迫っているのです。

親からの投資(養育)で「一人前」になった子は親に愛情や恩義を感じる、しかし老親介護、

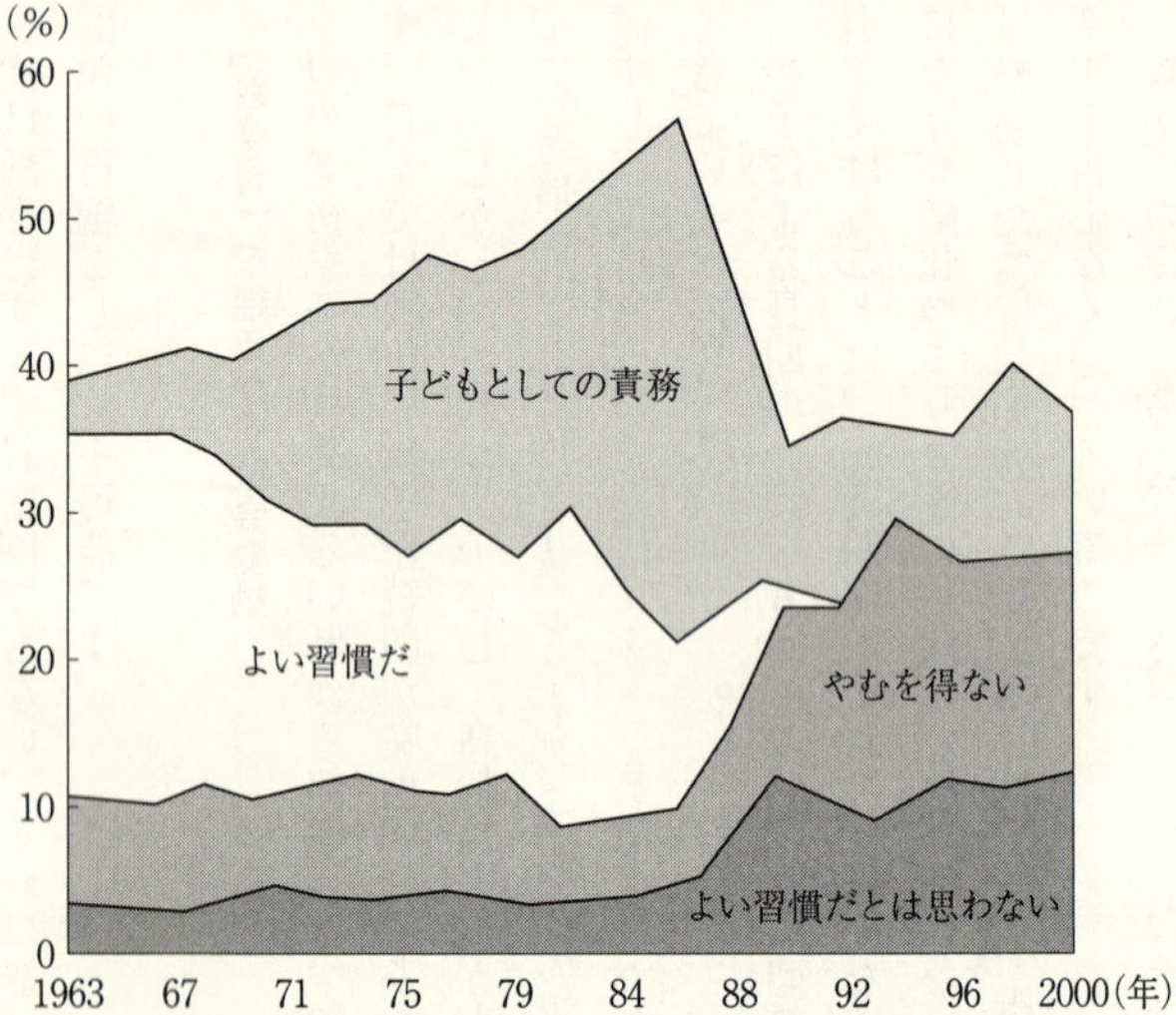

図 5-9　老親の扶養についての意見(毎日新聞社人口問題調査会, 2000)

つまり投資期間は長期化ししかも終期は不確定、他方、自分自身の老後も不安という事態が、有限の自己資源を親へか／自分へかという投資をめぐる葛藤として、子世代に強く意識されるようになったのです。それは経済問題に留まりません。心身のエネルギーや時間を何にどう使うかの生活設計の問題です。親と子は愛着／結合の関係だけでは済まず、有限の資源を巡って対立し葛藤する関係であることを、少子高齢化があらわにしたのです。

ケアの女性化の限界と男性による介護の問題

介護の施設や制度は二〇年ほど前に比べれば格段に整備されたとはいえ、超高齢化—要介護増に追いつかず、利用者側のニーズへの不適合もあって、結局は家族、子によっているのが大勢です。そこで、壮年期の介護退職者は増加の一途です。女性が圧倒的に多い（七五％）のですが、最近は男性の介護退職も増加しています（厚生労働省二〇〇八年調査）。少子化進展と介護期間の延長が、長らく当然とされてきたケアの女性化の限界を露呈し、男性が介護にかかわらざるをえなくなったからです。

しかし家族による介護は容易ではありません。とりわけケアを担う壮年期の男性には退職の危機、しごととの葛藤や不慣れな介護の困難など、苦悩は大きいのです。その反映でしょうか、家族介護での介護虐待が増加しており、その加害者は圧倒的に男性——夫、息子、男孫です。介護することになった事態に、それまでケアの受け手であった男性にケアの力が育っていないこともあって疲労困憊《こんぱい》し苛立ち、思わず虐待に走ってしまうのでしょうか。

もう一つ、男性の介護として問題なのは、介護する場合のネットワークの弱さです。日頃近隣との付き合いがないこと、さらに人には頼らないとの男性らしさ規範にもしばられて、一人で抱え込むことになる、さらに仕事での完璧を求める態度で介護することから、頑張ることになり、すべてがマイナスに働くのです。しごと中心、ネットワークの乏しさ、男らしさへのこだわりなど、日頃の生活と態度が問題の根にあるといえましょう。

超高齢化は死の意味を変えた――嘆き惜しまれる死から待たれる死へ

親の老衰病死はいつの世も子が出会わなければならない体験ですが、超高齢化はこの親と子の最後の関係に深刻な問題を提起しています。

かつては親の早世は稀ではなく、それは子の最大の悲しみであり不幸でした。親の長生きは子どもが切に望むこと、長寿という語にふさわしいものでした。それが必ずしもそうではなくなったのです。医学の進歩は急速な長命化をもたらし、親の死は嘆かれ惜しまれるとは限らず、時に待たれるものとさえなったのです。

水村美苗の『母の遺産――新聞小説』(中央公論新社、二〇一二)には、しごとをもち自身も健康を害している娘が、母親の注文の多い長期の介護に格闘し疲労困憊する姿が赤裸々に描かれています。「ママいつまで生きているの?」と思わず漏らす残酷な言葉は、親の介護と自分の人生の衝突に苦悩しての悲鳴です。限られた自分の資源――時間、体力、知力が親の介護に投資され自分には投資できず、心身の葛藤と消耗に陥っているのです。長命という事態がもたらした新しい親と子の対立、葛藤です。

対立葛藤する母―娘関係――ケアラーとしての女児の価値

母親との対立・葛藤を強めている娘が近年増えています。その背景には娘への母親の過剰期待があります。同性である娘に自分の夢——学業やしごと、結婚——を託す母親、さらに娘に自分の老後の世話をしてほしいというケアラー期待です。同じパラサイトでも、娘には息子よりも家事をさせており（宮本二〇〇四）、老後、娘と近居か同居を期待している母親は娘への性別しつけが強い（高木・柏木二〇〇〇）など、自分の老後のケアへの母親のしたたかな戦略が窺えます。新語「墓守り娘」も、かつての息子に代わって娘に死後のケアまで担わせようとする昨今の事情を反映しています。

このような母親を娘はどう受け止めているでしょうか。素直に愛情と受け止め、和気あいあいの関係の娘もいます。誰よりも気が合う、経済的資源ももつ母親の魅力を享受し活用している「一卵性双生児」母娘はこの極でしょう。これに対して、母親に反発し対立する娘は少なくなく、忌避や対立が嵩じて娘の精神的健康や発達が阻害されるケースもみられます。

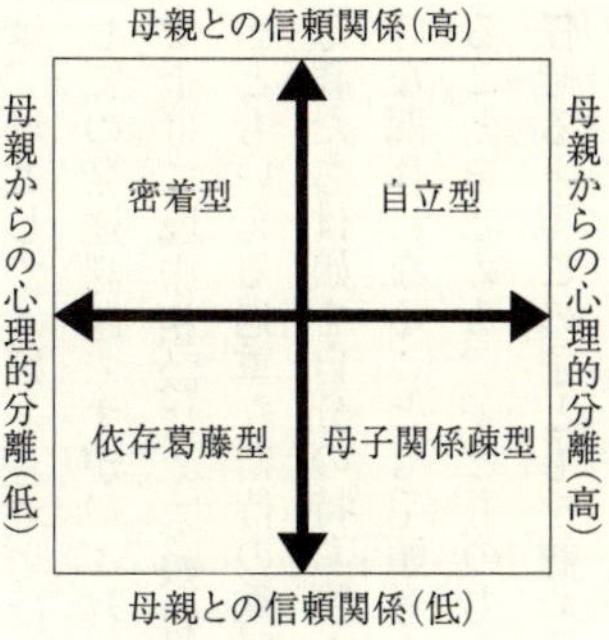

図 5-10　母子関係の 4 類型モデル
（水本・山根，2011）

青年期の発達課題は親からの心理的自立、個体化です。娘の場合、自分は母親とは別な存在だ、対等なおとなだという「心理的分離」の自覚と母親との信頼関係、この二つが重要です（図5-10）。子が「一人前」になった以後は、母として／娘としてではなく、母も娘も（個人として）「「私」を生きる」、それがおとなとしての発達課題ですが、これが容易ではないのが現実です。「母が重くてたまらない」と悲鳴を上げて臨床相談にくる娘（信田さよ子『母が重くてたまらない』春秋社、二〇〇八）は、母親の不当ともいえる過重な期待の重圧のために娘は自分を生きることができなくなっています。この母親たちは娘を自分の持ち物かのように見なして自分の願望を押し付け、娘の自立も母子が対等な関係になることも毛頭考えていません。子どもと自分との違い、別個の独立した個人であることを認める、子どもの力を信じる、その上で子どものありのままを認め、子どもに決定を任せる――この子どもを認め距離をもつこと、これは親の発達課題です。この不全が娘を病的な心理に陥らせているのです。一卵性双生児母娘の中には、母親の子からの自立不全、娘の親からの自立不全が少なくありません。母親は娘を夫よりも心理的に近く信頼できると見なしていますが、それは夫婦関係の不全そのもの、「子どもと結婚しているような妻、仕事と浮気している夫」の典型です。

文化としての親子関係――循環型とリレー型

介護をめぐる親子双方の苦悩、親の娘へのケアラー期待など、少子にして超高齢化という史上初の事態は親と子の関係に揺さぶりをかけています。特に親と成人子との関係の再考を促しています。

親が子を育てることは親の責務であり、子は育てられる権利を持っています。そこで、どの時代もどの社会でも方法や期間は異なれ、行われてきました。これに対して、子が親を看取ることは社会によって異なり、成人子と親との関係は一様ではありません。それには大別して二種があります。

第一は循環型です。育てられた子が親の老後の扶養をする、つまり親孝行です。これは東洋に多く、日本も長らくこれに準じたものでした。資源が最初は親から子へ、後に子から親に還流するので、「循環型」といわれます。第二は欧米に多い「リレー型」です。子の自立までの養育には親から子へ資源投資されますが、子の自立後は（資源の移動はなく）親と子はそれぞれ独立した関係になります。親は子からの投資はあてにせず、老後は自分の資金で生活します。つまり親資源は育児期に親から子に投資される、その子は自分の子に投資する、というもので、親から子への投資がリレーされるのです。

日本はこれまで循環型でしたが、少子が長期の親の介護をする事態によって循環型は困難となっています。先の**図5-9**は、人々がこのことを自覚していることを示しています。一方、子世代の介護観を見越してでしょう、親の側にも変化が起こっています。「子どもの世話にはなりたくない」親の増加です。この二つは、「親は子を育てる、子は親を介護し看取る」という親と子間のケアの循環関係が、意識の上では崩れたことを示しています。このような意識の変化にかかわらず、現実は直ちにリレー型には移行できず、二つの間をさまよっているのが日本の現在です。

社会変動に最適な親子の関係の構築——日本の家族の発達課題

限界に達した循環型からリレー型への転換は、日本の課題の一つでしょう。「子どもの世話にはなりたくない」と思う親の増加、自分の介護は(かつては多かった)「家族で」が減少して(施設など)「専門の手で」への緩やかなシフト、老人ホーム入居者が子どもがいない夫婦か配偶者を喪った人が多かったのが、子どもがいる人や夫婦での入居などの増加(染谷二〇一一)は、自分の老後を子に期待しない、つまり循環型からリレー型への移行のきざしと見ることができます。これを可能とするには、高齢者福祉制度の一層の整備が必要ですが、個人と家族レベルで取り組むべき課題があります。その要点を以下に箇条書的に挙げます。

① 親子中心から夫婦中心へ

子どもの誕生を契機に夫は仕事、妻は子との関係を強め子に延々と関わることになってきた悪循環を断ち、夫と妻のパートナーシップを家族の核とすること(夫と妻がお互いをお母さん、お

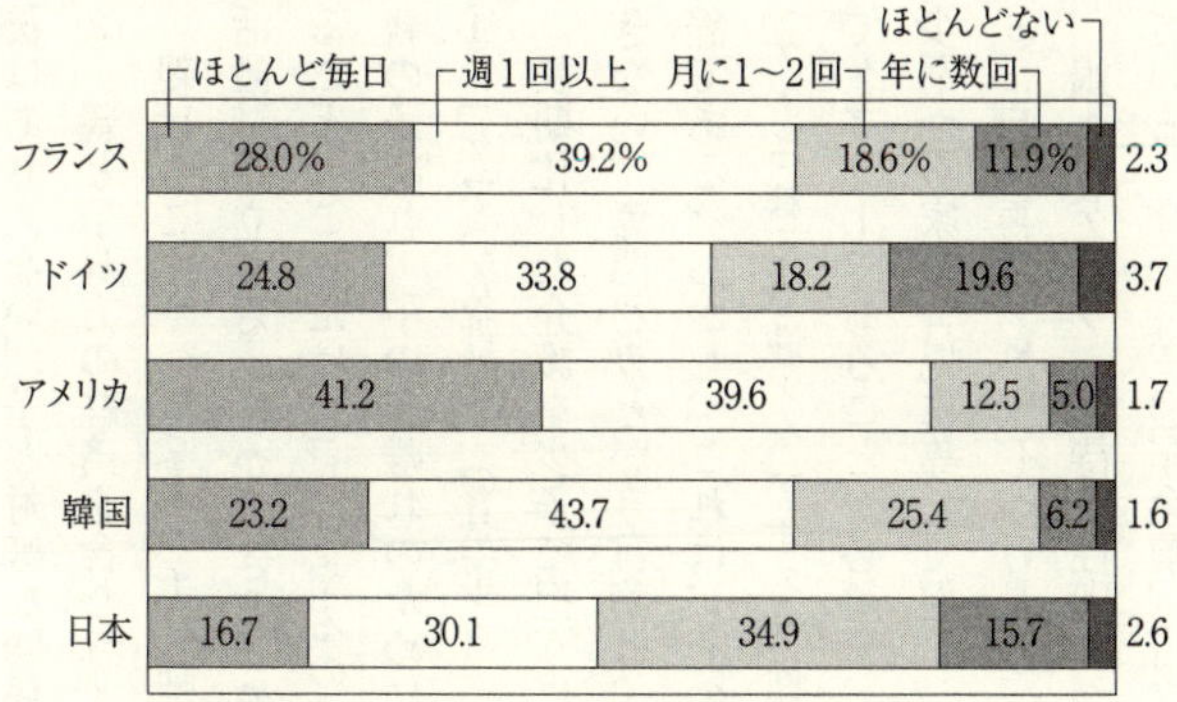

図 5-11 別居している子どもとの接触頻度（内閣府，2010）

父さんと呼び合うおかしさを修正すること）。

② 親の子への経済的投資の期限の明示

子の自立で親の子育てつまり経済的投資は完了し、その後は子と親はそれぞれ自立したもの同士の関係に移行する。つまり「親である」が「親をする」現役から降り、子と対等な情愛の交流の関係を築くこと。ちなみに、日本では家族大事といわれながら家族間の情愛的交流は多くありません（**図5-11**）。

親と子が独立の個人として生き交流する。その一例として、アメリカ人と結婚した娘を訪問した（日本の）母親が、娘夫婦が家を買うに当たって「他から借りるより利息が安かったから」と、（夫の）親から借金したとの話を聞き、成人後の親と子のドライといえばドライ、しかし親と子が対等なおとな同士として頻繁に交流していることに深い感慨を抱いている（中里恒子『南への道』文藝春秋、一九八〇）。「できるだけのことをしてやる」は子の成人後はありえない、子と対等な関係を結ぶ、これが自立した子を尊重することなのだ、と。

③　親と子双方の経済を含むライフプランの設計と共有

親はどこまで（いつまで）子に経済投資するかを早期に明示することで、親子双方が将来の生活設計を立てることができる。漠然とした「できるだけのことをしてやる」ではなく、「できることはこれだけ」「してやるのはここまで」と、資源投資の計画を具体的に提示することは、親の子離れ、子の親離れのために必須（斎藤・畠中二〇一二）。

④　「ケアの女性化」の是正

長期化した介護を少子で担うには、これまでのケアは女性――「ケアの女性化」では対処できない。専門バカという言葉は、しごとや研究に打ち込み成果を上げている男性への一種の賛辞である。しかし、これは、その蔭にその男性を子ども並みに手厚くケアする人あってのこと。「ケアされる男性／ケアする女性」の産物である。少子が長い介護に対処するには、性を超えてケアラーであることが必須で、そのためにはケアラーとなる心と力の育成が求められる。幼少期から家事育児に等しく促すしつけが重要。

⑤　自立再考／性別しつけ是正

娘へのケアラー期待と性別しつけは見当違いである。男子は就職し稼ぐこと＝自立とみなしている。今から三〇年余前、自立をテーマに卒論を書こうとした学生が、男女の学生に「自立とは」を語ってもらったところ、男子学生は異口同音に「(自立とは)就職すること・自分の稼ぎで生活すること」と述べ、誰が洗濯や料理するかには全く無頓着だった、と驚き嘆いていたことを思い出す。これは、男性がケアされることを当然視した極めて偏った自立観である。事情は今もほとんど変わらず、家族内ケアは不均衡である。この状態の是正は幼少時からのしつけに掛かっている。

人類の家族、親子の関係は多様であり、状況に応じて変化するのが特徴ですが、それは時々の状況に最適な家族を編み出す力を人類がもっているからです。近年の激しい社会の変動とりわけ世界の最先端にある少子超高齢化は、日本の家族に深刻な影響をもたらし、従来の家族と親子関係のあり方の再考を否応なく迫っています。最適な家族、親子の関係を創出する日本人の知恵と力が試されていると思います。

第6章
私はどう生きるのか
――アイデンティティ，生き方，ジェンダー――

自分とはなにものか、どう生きるか、何をもって生きるしるしとするかという問いは、かつてのように青年期では終らず、おとなの重要な発達課題となった。超高齢化は長い非生産年齢期間をどう生きるかの再考を必須とし、また激しい社会変動は従来のモデルを無効とし、各人がアイデンティティを再構築する必要大である。それが必ずしもうまくいっていない事情を明らかにすると同時に、他方、男性も女性も従来のジェンダー規範から離脱した生き方を模索している様相を明らかにする。「女性は元気」な現象、イクメン／カジメンの発達心理学的意味について考える。

アイデンティティの再構築——おとなに持ち越された最大の発達課題

エリクソンの理論に源をもつアイデンティティ——「自分とは何者か」「私はどう生きるか」の問いに解を出すことは、長らく青年の発達課題とされ、青年心理学の中心的テーマでした。そして青年期にアイデンティティが確立できていれば、その後の人生は揺るぎなく展開すると考えられてきました。しかし、今日、アイデンティティはおとなにとって重要な発達問題となっています。

理由の一つはアイデンティティ不全の青年の増加です。いろいろな可能性や選択肢を前に決定を先伸ばしているモラトリアム、何とかなると課題を放棄してしまう青年、親や教師などの価値観を鵜呑みにして「平穏」に過ごす青年、選択できず自信喪失や自己嫌悪、無気力に陥る拡散型など、アイデンティティ形成不全の青年が近年増加しています。その背景には、自分とは何か、どう生きるかという問いにじっくり向き合う心と時間の余裕のなさがあります。「いい」学校へとの親や教師の期待と強力な指導路線に巻き込まれてしまう、また昨今の激しい社会の変化と先の見えにくさから混乱や自暴自棄に陥るなど、アイデンティティの問題は棚上げ先延ばしされているのです。

アイデンティティ不全青年の増加は、とりもなおさず未成熟なおとなの増加です。一見しごと熱心で有能な職業人の中に、「自分」不在で企業や職場への過剰適応の人が少なくありません。その状態がパンクして、心身の不調や休職に追い込まれるケースも増加しています。高い自殺率もこれと無縁ではありません。他方、〝いい〟会社に入った、しごとが面白い、評価されていると満足していた自分に、ふとしたことから疑義が芽生え、これが本当に自分の人生かと問い直す人、家庭生活の葛藤が顕在化して働き方と生き方の再編が迫られる人もいます。安定しているかに見えたアイデンティティが揺らぎ、その再考を迫られているのです。

超長命化とおとなのアイデンティティ

アイデンティティという課題は、時間的展望と想像力をもつヒトならではのことです。自分を過去から未来にわたって見直す、人間の歴史と未来を広く展望する、その展望に立って現実の自己を批判的に見直し検討し、「ありたい」理想の自己を想像し構想する営みです。ここで必要なのは、情報の収集ではなく情報の選択、コレクションよりセレクションです。溢《あふ》れる情報に流されず大局的総合的にみ、批判的に考えるおとなの知力がためされます。自分を知る、これは人から教わるものではありません。自分を客観的に批判的にみる、内省的ともいえる考える力です。

史上初の少子高齢化社会には過去の人々の生き方は通用しません。超長命化そのものもアイデンティティを青年期では終らなくさせた一因です。突飛なようですが、中年離婚の増加もその現れの一つです。かつては、夫は長年の職業から退職し妻は子を育て上げた後、夫婦二人で穏やかな余生を送るのが常でした。多少の不満や葛藤があっても、そう長くはなかった余生をやり過ごせたのが、そうはいかなくなりました。そのまま続けるには余生が長すぎて無理、ならば結婚を打ち切って新しい生き方を、となったのです。

個人の生き方についても同様です。激しく社会が変化する今日、一旦こうと決めたらそれで生涯OKとはいかなくなりました。これまでアイデンティティは、子を生み育て職業による経済力を持つ時期——つまり生殖と経済力という生産活動期の問題でした。この二つの生産が終了した後に、長い年月を生きることになったのが現代人。この事態を想定したアイデンティティはこれまでにはありませんでした。人類が初めて出会った長期の非生産年齢期間が、おとなのアイデンティティという課題を突きつけたのです。

アイデンティティとジェンダー

ところで、アイデンティティは否応なくジェンダーと深く関わります。自分とは何か、どう生きるかを考える時、自分が男か女かを考えざるを得ません。すると、世の男性／女性はどう生きているか、どう生きるのがいいとされているか、さらには「男は仕事、女は家庭」に代表される社会のジェンダー規範などが、否応なく入り込んできます。急激な社会の変化は男女の生き方を変え従来のジェンダー規範の最適性を揺るがせているのですが、このことを的確に認識していないためにアイデンティティの揺らぎやメンタルヘルスの問題を招いている人が少なくありません。以下にその事情を男性と女性の生き方、生活感情、自尊などの面からみることにします。

今、女性は──社会の変動が伝統的な「女の幸福」を揺るがせた

育児不安は女性のアイデンティティの揺らぎの兆候です。「育児は母の手で」と退職した母親は次のように語っています。

「子どもは可愛い、育児もうまくいっていて自分はいい母親だと思う。また手抜きもせずに家事をこなし、いい主婦／妻だと思う。でも、私はストレス一杯、これでいいかと不安と不満。その根は、私が固有名詞をもったひとりのおとなとして、誰からもどこでも遇されていないことにある。○○ちゃんのママ、△△さんの奥様と呼ばれるばかり。一人の個人／おとなとして生きていない、生きている実感がもてない、それが最大のストレス

だ」（0123吉祥寺、母親講座での発言、二〇〇五）

長らく女性の生き方の定番は、結婚し出産し妻／母として生きること、そして女性のアイデンティティは妻／母という家族の関係性に依拠したものでした。それで安定していました。今日それが揺らぎ、妻／母だけでなく「個」としてのアイデンティティというテーマが浮上したのです。多産短命の時代には、女性が自分独自の生き方を追求することは困難でした。その必要もありませんでしたが、少子長命が変化を迫ったのです。女性が長い人生を、育児（繁殖）だけでなく自己実現のために使う方向に行動指針を取り始めた、史上初の事態です。

一人のおとな個人として生き成長することが重要になった、なのにそれが満たされずアイデンティティを揺るがせている――それが無職母親の育児不安です。有職女性が（無職女性よりも）育児不安は低く、より強いアイデンティティをもっている事実（第5章）は、女性のアイデンティティが家族役割という関わりの中での発達だけでなく、個としての発達も重要になったからなのです（岡本一九九九）。

育児不安は、どう生きるのが幸せか、広い歴史的時間的展望の中で十分に検討せず、アイデンティティ課題を曖昧にした結果です。「育児は母の手で」と伝統的コースを選んだ結果の「男は仕事、女は家庭」の性別分業が、育児不安の根にあることを、多くの母親は気づいてきています。けれどもその状況を修正するのは容易ではありません。そこで母親たちはいろいろな仕方で現状を打破しようと試みています。

その一つが〝母の手で〟を徹底させることです。「よかれ」と子どもの養育に心身のエネルギーを投入する教育ママ、さらに子の成人後も手元に置いて面倒をみる、パラサイトさせる親たちです。「親子で乗り切る大学受験」という予備校のキャッチフレーズ、「息子の婚活に親が出る時代」との婚活業者のキャッチフレーズが何の不思議もなく受け入れられるのは、こうした親あってのことです。しかし、この行く手には、親子双方の自立不全があることは前章でみました。母親の個としての発達もアイデンティティも、これでは曖昧なままです。

女性たちは社会的活動からも刺激からも疎外された閉塞状況に悲鳴を上げ、妻／母としてではなく「個」として生きたいとの強い願いを抱いています。個人志向は夫より強いことは先にみました。それは、私個人の世界と活動を求める意識と実践となって現れています。大方が職業をもつ男性なら当然もっている個としての時間空間を、無職が多い女性たちは強く求めているのです。以前はなかった(子が卒園すれば縁が切れた)「ママ友」が、今や終生の友人として大きな位置を占め、相互に共通の関心や魅力的刺激を発見し、「○○ちゃんのママ」ではなく固有名詞で呼び合う強い連帯と活発な交流をしています(第3章)。それは、母／妻としてではなく「個」としての活動です。

男性のアイデンティティの揺らぎ――「男はしごと」で幸せか

九九％が何らかの形で職業をもつ成人男性は、職場で力を育てそれを発揮し、職場からも家庭からも一家の稼ぎ手として期待されています。こうした男性たちの自己定義は、「××会社の社員」「職場で評価されている」「ＩＴ関連の技術者」「同僚と仲がいい」など、仕事がらみのものが大半で、仕事外では「○○県出身」「子どもが△人いる」「××市に住んでいる」などがせいぜいです。職業は男性のアイデンティティの基盤であり、そのために職業生活は男性の心の発達にもメンタルヘルスと深く関わっています。

大多数の男性は多少の不満や問題はあっても、しごとに誇りをもって励み、業績を上げ「できる人」「やり手」と評価され、しごとのために資格をとるなど、前向きにしごとに取り組んでいます。「男はしごと」との規範を受けとめてその期待に応えて適応している健康な男性といえるでしょう。しかし他方で、しごとにも職場の人間関係にも適応できず、心身不調に陥り悩んでいる男性も少なくありません。次はその一例です。

ケース1「すでに四年単身赴任しています。家族のために働いているつもりが、その家族とはほとんど会えず、何のために働いているのか時々不安になります」

ケース2　過重なしごとの末、うつが発症し自殺企図、一命を取り留めた四〇代の男性。カウンセリングの中で、「自殺企図前に(共働きであった)配偶者(妻)から「しんどかったら、(しごとを)辞めてもいいよ」と言ってもらっていたにもかかわらず、やっぱり自分は男だし、妻を頼りにして辞める訳には行かないと考えた」

いずれのケースにも「男はしごと」「男は一家の稼ぎ手」への強いこだわりがあり、それが嵩じての悩みと心身の健康障害です。命のかかっているぎりぎりのところでも「男である」ということがこれほどまでに男性を縛るのか、と暗澹とした思いがしたと担当カウンセラーは述懐しています。「しごとと稼ぎは男性の役割」との意識は、女性が働くようになった今も男性にも女性(妻)にも強く、それは強いプレッシャーとなって男性をしごとに駆り立てています。しかし、その生き方に疑問を抱き適応できなくなって、メンタルヘルスを阻害することになるのです。それは病や過労死に陥る危険性を孕んでいます。一向に減らない過労死について、「命を捨てるぐらいだったら男を捨ててほしかった、死ぬほど大切なしごとってなんですか」との痛恨の問題提起(全国過労死を考える家族の会一九九七)は、日本人の生き方/働き方への鋭い問題提起です。

職業への態度と心理的健康――ワーカホリック人間は危険

一見、心身健康な男性の中には、「男はしごと」との自負と周囲からの期待を強く意識する余り、職業生活に過剰適応している場合も少なくありません。職業生活は人の幸福感を左右するものですが、とりわけ職業が大きな比重を占めている現役男性ではその影響は大きいものです。

ところで、職業が幸福感に及ぼす影響は、職業に対してどのような態度かによって異なります。①仕事への強い関与、②仕事への衝動、③仕事を楽しむ、の三側面について、男性労働者本人が自己評価した結果から三種のタイプに分類されました。A…仕事に強く関与し衝動が強いワーカホリックな人、B…衝動は弱く仕事を楽しむ人、C…衝動も関与も低いいわばやる気のない人、です。

この三群の心理を比較したところ、最も問題を孕んでいるのはA群つまりワーカホリックな人でした。この群の人は、職務への関与、長時間職務と完全主義が最も強く、他方、ストレスは極めて高く健康上の不満も大きいものでした。本人はしごと大事と強い使命感をもっているのでしょうが、しごとへののめり込みとなり、ブレーキが効かなくなって心身の健康を損なう危険性を孕んでいます。これと対照的なのはBのタイプ(仕事を楽しむタイプ)の人で、ストレスも心身の不調も最も低く、つまり心身健康なのです(図6-1)。

日本の労働時間は以前より短縮の方向にあるものの、諸外国に比べると依然、長時間です。世界的に有名となったKaroshi（過労死）は、この労働時間の長さと仕事への態度——ワーカホリックな態度と関係しています。男性はしごと、稼ぎは自分の使命、とのこだわりが仕事へののめり込み、過剰適応に陥ってしまう危険性を孕んでいるのです。

先に家庭にしごとと同程度かかわる男性が出現してきたことを述べました（第4章）。そこで見出された2タイプ「しごと＝家庭型」と「しごと中心型」の男性は、しごとに対する態度が大きく違うのです（**表6-1**）。インタビューから明らかになったことは、「しごと＝家庭」の男性は、しごとをおろそかにしていませんし、しごとが好きで楽しんでいる、けれども、「自分がいないとしごとが廻らない」とは考えません。そしてしごとに入れ込まないよう心がけ、仕事上のつきあいはしないと割り切っています。しごとと仕事以外のバランスをとることを意識的に努めています。

これに対して仕事中心型の男性は、「自分がいないと仕事

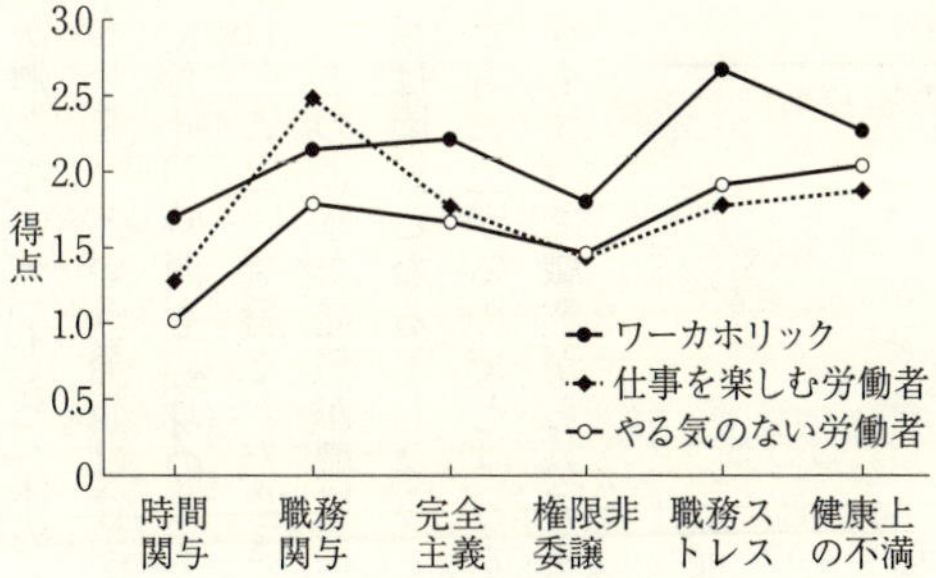

図6-1　タイプ別特徴（男性）（Kanai *et al.*, 1996）

が廻らない」「不安で休めない」「もっと仕事に関わりたい」などが顕著です。「自分がいないと……」という発想は往々にして自己過信で、それがしごとへののめり込みに歯止めが利かなくさせ、時間も心身のエネルギーもひたすら仕事だけに投入することになるのでしょう。「男はしごと」を旨とした生き方の行き着いた姿です。

このような発想が職場に広く蔓延しますと、職場ぐるみ長時間労働となり定時退社や家庭関与は論外となるでしょう。上司がこのタイプであれば一層でしょう。これで仕事の効率は質量ともに上がるのでしょうか。働く人の心身の健康は大丈夫でしょうか。男性の幸福も不幸も発達もすべて職業がらみですが、そのマイナスの極が過労死です。

仕事非優先型(12名)											
前	前										
		○	○				○		○		
○	○	○	○	○	○	○	○	○	○	○	○
	○			○				○		○	
			○			前					前
											前

（大野，2012 から）

なぜ男性は Karoshi するのか——「しごと一筋」の問題

過労死は「Karoshi」として国際語になった日本の現象——日本特産です。では、誰に、なぜ過労死が起きているのでしょうか。過労死は長時間労働の結果と思われがちですが、それだけではありません。労働時間だけみれば、男性よりもフルタイム既婚有子女性の方が長いのです。彼女たちは職業労働以外に家事育児労働もしてお

表 6-1　家庭のために仕事を調整することがあるか

	仕事優先型(15 名)														
家庭のために仕事の調整はしない	○	○	○	○	○	○	○	○	○	○	○	○	○	○	○
仕事と家庭の両方が大事								○						○	
仕事のチームに同調して残業する							○	○							
自分がいないと仕事が滞る	○		○		○	○	○	○	○					○	○
仕事は人から評価されてこそ	○	○			○		○	○	○		○	○			○
仕事に入れ込まない													○		○
自分が休んでも仕事は廻る															
働かされている感			○		○	○	○								
仕事が頭から離れない					○	○	○					○	○	○	

「○」はあてはまる，「前」は以前そうであった，の意

り、トータルで実に長時間労働、彼女たちの方が明らかに過労です。ところが彼女たちは過労死しない——過労死は過労自殺も含めて九九％男性です。なぜでしょうか。

産業心理学の研究はこの事情を実証的に明らかにしています。すなわち、同一の作業に長時間従事することは、心理的疲労を招き作業効率の低下、注意散漫、エラーの多発、作業とは無関係な妄想などを多発させます。過労死は、まさに単一のしごとを長時間していることで行き着く最悪の結果なのです。

このことは誰もが日常経験しているものです。何であれ同じことをずっとしていると、飽き飽きする、気が散る、エラーが増える、そこでちょっと一休みして別なことをすると、気分転換になる、またやる気が起きる、やり方のアイデアが浮かぶ、などです。誰もが知っているこの当たり前のことが、職業世界では通用しないのです。時間を気にせず延々としごとをしている人が、勤勉だと

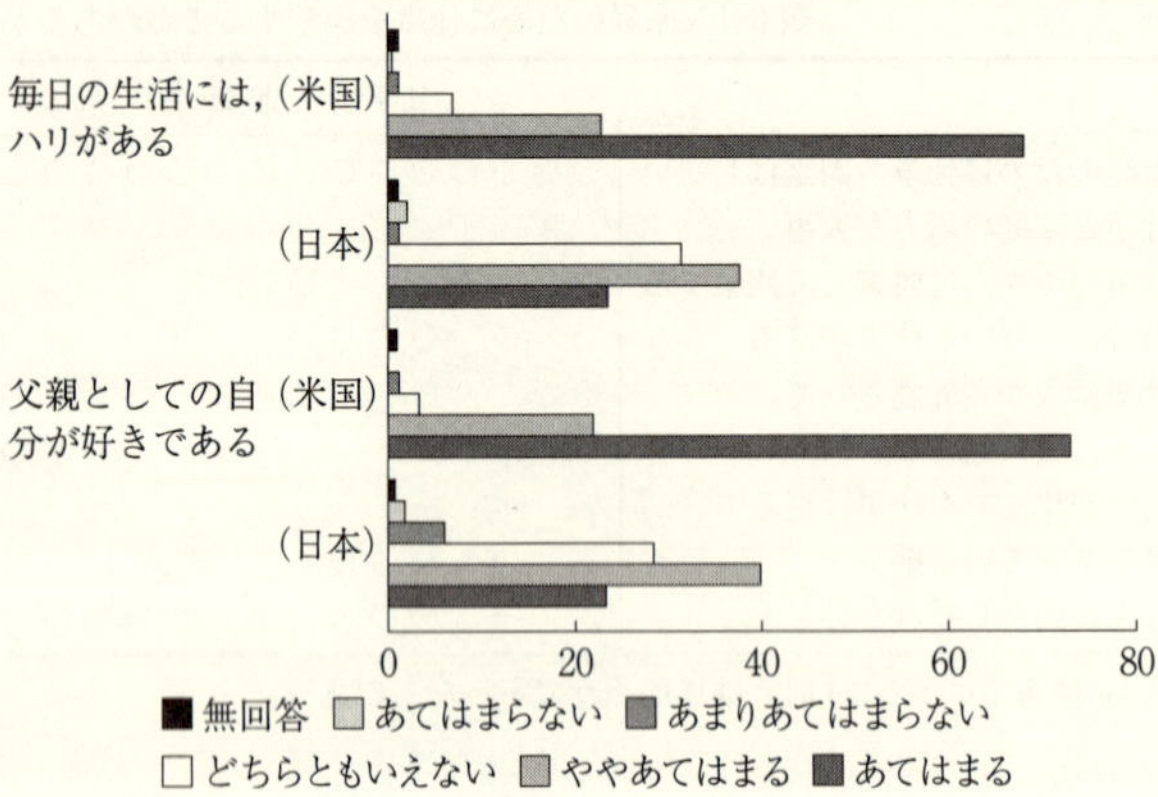

図 6-2　生活充実感と父親としての自尊感情の日米比較（林，2013）

かしごと熱心だなどと評価されたりしていませんか？　このような見方が、定時退社も休暇取得もままならず、しごと一筋の人間をつくりだすことになるのです。しかし、しごとは質量とも低下し、働き手の心身の健康も家庭生活も損なわれることになっているのです。

フルタイムで働く子育て中の女性は、トータルでは長時間労働でもしごとと家事育児という全く異質の活動をしています。そのことが上のような心理的疲労やネガティブな結果を起こさせない、「過労死」することはないのです。しごと一筋は決して誉められたことではない、むしろおとなの心身の安定と発達を阻害する生き方です。

日本の男性よりずっと多く育児をしているアメリカの男性は、日本の男性よりずっと「毎日の生活にハリがある」「父親としての自分が好きである」と答えています（図6-2）。「男はしごと」ではない、親としてのアイデンティティと育児もする生活の意味を考えさせられます。

退職という危機にどう対処するか――アイデンティティと生き方の再構築

超高齢化は退職期の男性に大きなインパクトをもたらしています。人生五、六〇年の時代、男はしごと、一家の稼ぎ手、職業人というアイデンティティで誇りをもって一生を終えられましたが、それが崩壊しました。定年まで勤め上げて家に戻った男性が過ごせたかつての安泰な隠居生活は、今や保証できなくなりました。仕事人間だった男性にはとりわけ深刻な事態です。肩書きが立派、稼ぎがいい、しごとができるなどそれまでの高い評価も誇りも無用の長物、アイデンティティの核は失われたも同然です。肩書きもしごともない個人としてのアイデンティティの再構築に迫られます。退職後、社会活動に参加した男性が、しごと世界とは全く異質な体験に出会い、自分の人間観の問い直しと臨機応変にふるまう能力など、新しい心と力の発達を経験していました（第3章）。これはとりもなおさず（しごと人間ではなく）「個人」としてのアイデンティティの修正構築です。

在職中、家事はおろか自分の身の回りのことも妻任せ、「もうひとりの子ども」として妻に遇されてきた男性は、日常の生活自立能力の点で子ども同然、粗大ゴミといわれる発達の不全があらわになります。身辺自立と家事の能力は性によらず誰もが備えるべき基本的能力であるのに、「男はしごと」の生活でその能力は使わないうちに衰えてしまった、不使用＝発達不全＝退化の原則で粗大ゴミ化したのです。

この発達の偏りの是正も重要な課題ですが、ここでものをいうのがレジリエンスです。苦境に立たされた時、「すぐに諦めず我慢する」「回り道は大事だと思う」「人生には正解は一つではないと思う」「長期的展望にたって計画を立てる」「いろいろな活動に参加して得意なことを発見する(したい)」「仕事以外に楽しめる活動をもちたい」など、多様で柔軟な態度、など前向きで好奇心のある積極的な姿です。

社会の変化が激しくしかも不透明な時代、そして人生が長くなった今日、一旦決めたらそれ一筋、では済まなくなり、柔軟に多様な道を試し選択することが必要となりました。レジリエンスの重要性がクローズアップされています。

発達とジェンダー——人間の発達環境の一大要素

自分とは何か、どう生きるかを考える時、自分が男か女かを考えざるを得ず、アイデンティティは否応なくジェンダーと深く関わります。歴史上の人物、親、世間の人々は男性と女性がどう生きているか、どう生きるべきとされているかといったジェンダーは否応なく入り込み、

表 6-2　性役割特性のリスト(伊藤，1978)

①男性性	②女性性	③人間性
冒険心に富んだ	愛嬌のある	健康な
自己主張のできる	おしゃれな	心の広い
意志の強い	言葉遣いのていねいな	頭のよい
大胆な	かわいい	温かい
信念をもった	献身的な	視野の広い
頼りがいのある	従順な	忍耐強い
決断力のある	繊細な	誠実な
指導力のある	色気のある	自分の生き方のある
たくましい	優雅な	明るい

①男性に望ましいと期待されている特性：男性性／男性ジェンダー
②女性に望ましいと期待されている特性：女性性／女性ジェンダー
③男女に関係なく人間としてもつべき望ましい特性：人間性

その人の発達を特徴づけるものです。ジェンダーとそれが発達に関わる仕組みについて概説しておきましょう。

ジェンダーとは、性別に応じて社会が期待する特性――能力、性格、行動、生き方などです。**表 6-2**は、その一覧です。

「男は強く、女はやさしく」と要約できるジェンダーは、「男はしごと、女は家事育児」という性別役割分業に対応する資質です。そういう資質が元々男女にあるのだから、男はしごと／女は家庭なのではありません。「男性はしごと、女性は家事育児」と異なる役割を担うもの、(だから)それにふさわしい資質を身につけるべきとの期待／規範、それがジェンダーです。

このジェンダーは、さまざまなチャネルによって人々の心に浸透し、男女の行動と生き方を特徴づけます。その第一は親のしつけです。男児が泣いたり引っ込み思案だと叱られますが女児では大目にみられる、男子は勉強が奨励されますが、女子は勉強だけではダメ、行儀や言葉遣いも家事も「女らしく」としつけられます。こうした性別しつけや処遇（性的社会化といいます）は、ジェンダー規範を子どもに伝達しその発達を方向づける役割を果しています。親だけではなく幼稚園から学校でも、男子と女子は誉め方／叱り方から進路指導など微妙に違う処遇を受けています（青野二〇一二、直井・村松二〇〇九）。男女平等が表向き当然とされる今日ですが、子どもは性的社会化を受けて育つのです。

性的社会化は子どもに限りません。おとなも日常的に体験しています。例えば人を評価する際、ジェンダーは知らず知らずのうちに入り込んでいます。同じ発言でも、男性だと「理路整然としている」「説得力がある」とプラスに評価され、女性だと「理屈っぽい」「情感に欠ける」といわれるといった類いのことは稀ではありません。男性と女性への望ましさ――ジェンダー規範が人を評価する際のものさしになっているのです。このものさしで人から評価される、自分も他者を評価する、これもジェンダーを伝達し強化する役割を果しています。他者からの評価に敏感な傾向の強い日本では、この影響力はとりわけ大きいのです。

ジェンダー化された日本人の発達――社会化の成功？

こうした性的社会化の結果、ジェンダーは日本人の心理発達を大きく規定してきました(ジェンダーリングといいます)。これまでみてきた男性と女性の発達はジェンダー抜きには考えられません。日本人の発達はジェンダーリングそのものといっても過言ではないでしょう。この性的社会化が功を奏した(⁉)でしょうか。「功」ではなく弊害が目立ちます。

「男はしごと」としごと一筋の男性をつくり出した、しかしその行く手には粗大ゴミ化、ケアの心と力の未成熟、過労死の危惧、他方、「女性は家庭」「母の手で」を実践している女性の強い育児不安、結婚や配偶者への不満など、いずれもジェンダーに忠実な(=囚われた)生き方の結果、陥った心理発達の不全現象です。ジェンダーという社会の規範に忠実だったことが、なぜこのような負の結果をもたらしているのでしょうか？　ジェンダーと性的社会化に何か問題がある、どこか間違っていると考えざるを得ません。

「男はしごと、女は家庭」という性別分業は、絶対悪でもベストでも、また常に悪でも善でもありません。状況次第です。ある状況、例えば生業が狩猟で多産の時代、男はしごと女は家事育児と性別で分業するしかあり得ず、それが最も効率的で満足ゆくものでした。しかし近年の社会の変化はこの性別分業を無化しました。狩猟も肉体労働もごく一部、労働は機械やコンピュータが中心となり(労働力の女性化)、同じ知識と技能があれば男女は基本的に同等です。「男はしごと」の根拠は崩れました。他方、家事の電化や外部化が進み、育児は女性本能ではないことが明らかとなり、「女は家庭」の根拠も崩れました。「男はしごと、女は家庭」も「男は強く、女はやさしく」という性別ジェンダー規範も、それに沿った性的社会化も、その意味を喪失したのです。

にもかかわらず、時代錯誤のジェンダーが今も隠然と人々の生活と行動や心理を支配しているのが日本、その結果が男性と女性にみられる心理発達上の問題です。依然として続けられている性別しつけの弊害は多々みられます。

その典型が「男の子問題」です。男の子は「男はしごと」を目指して何かにつけ「しっかり」「頑張れ」「男なのに……」と叱咤激励され、「大学ぐらい出ていないと」と高学歴を期待され、手厚い世話を受けて育ちます。誕生以来「男らしさ」を刷り込まれたも同然です。ところが、これがうまくいっていません。男子大学生は学業成績をはじめ課外活動、友人関係など大学生活への適応が全て女子学生よりも低く(立教大学二〇〇七)、自我発達も弱く将来の自立にも自信がない傾向が強いのです(大野二〇〇八、伊藤二〇〇三)。当然です。社会の変化にもかかわらず旧態依然とした時代遅れのジェンダー規範と性的社会化の犠牲者といえるでしょう。ジェンダーとは、とかく女性の問題、そして女は被害者のように語られてきました。しかし、男性も立派な被害者。ジェンダー問題は今や男性の問題です(柏木・高橋二〇〇八)。

社会化というものは、往々にして陳腐化し弊害をもつ危険性を孕んでいるものです。社会化の核である価値規範は、ある時代／社会的状況下で意味あるものとして創られますが、一旦決まると容易に変化しない慣性をもっています。そこで、社会的状況が変化すると時代遅れとなり、最適性を喪失した社会化は人々の発達に害をもたらす危険性を孕んでいるのです。

これまで述べたジェンダーに関わる発達は、その一例です。「男はしごと／女は家事育児」の棲み分けを促す性的社会化が、社会の変化にもかかわらず問い直されずに延々と行われてきた、そのことで男性女性双方の生き方に行き詰まりと弊害とがあらわになったのです。日本の母親の育児不安はその一例、男性の発達の偏りや過労死もその結果です。次章でみる日本人の幸福感の低さもしかりです。

このほか長らく日本で重視されてきた価値の中には、激しい社会変動や超長命の事態に最適性を喪失しつつあるものが少なくありません。日本でよしとされ特徴とされてきた「他者との協調」もその一つ、絆が大事といわれながら絆が強くならない事実、他者との協調を重視する母親に育児不安が強い事実など(第5章)は、他者との調和や協調を過度に重視する社会化の問題性をあらわにしています。

さらに、労働力の女性化も高学歴化も進み少子となった今も〝母の手で〟(子の養育は女性がすべきだ)がよしとされる、その圧力で退職した無職母親に育児不安が強い事実も、〝母の手で〟との家族観女性観を背景にした夫や世間からの圧力化した社会化の弊害を示すものです。

素直が大事、自己主張よりも他者との協調が推奨され、今も素直は日本で重要な社会化の軸です。しかし、素直や他者との協調だけでは今日通用しなくなりました。自分の考えをしっかりともち自分の責任で行動することが必要となりました。ここにも、社会化の力点のずれ、最適性の喪失を認めないわけにはいかないでしょう。

「新しい」男性の出現――ジェンダーから解放された生き方を実践する男性

「男はしごと」の男性が大勢の中で、ジェンダーに疑義を抱き「しごと人間」から脱してしごとと家庭双方に軸足をおいた生き方を実践している男性が現れています(第4章)。多くの男性が退職前後にようやく気づく課題を先取りし、自分の生き方を早々に転換させているのです。

その男性たちの特徴は、しごとと家庭への均等なエネルギー配分だけではありません。その生活満足度は、夫が「しごとと家庭」タイプで妻フルタイム有職のカップルで最も高いのですが、その意味も独特です。一般の男性では、自分のしごとや稼ぎが幸福感や生活満足度を高める要因ですが、この男性たちの幸福感はしごとや稼ぎではありません。自分が家庭関与していることや配偶者(妻)の家計分担など、家庭生活への関与と対等な夫婦のあり方が幸福感を左右しているのです。通常、妻の稼得が夫より高いことは夫の沽券《こけん》にかかわるとされていますが、それとは正反対です。「男は仕事」「夫は稼ぎ手」ではなく、稼得責任も家庭責任も妻と共同で

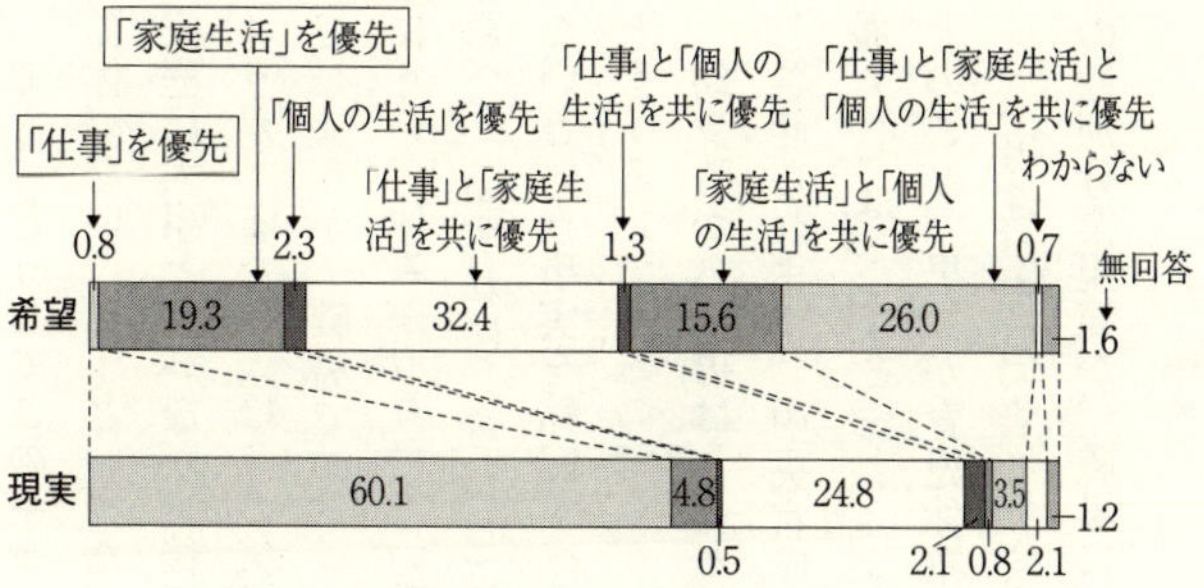

図 6-3　働く男性の希望と現実（%）（内閣府，2009）

担う意識をもち、ワークライフバランスと男女共同参画とを同時進行で実践している、そのことが生活満足感をもたらしています。

　このような男性はまだ少数派で、「しごと中心」男性が大半です。けれども多くの男性はこのしごと中心の生活に必ずしも満足していません。そのことは、一二歳未満児がいる既婚男性に仕事と家庭のどちらを優先するかの希望と実際を尋ねた結果（**図 6-3**）に明らかです。

「仕事優先」を希望する男性は〇・八%と、ほとんど無視していい数ですが、現実は六割もの男性が仕事優先の生活をしているのです！　また家庭優先を希望する男性は一九・三%もいますが、現実は四・八%という有様です。男性の育休取得率も二・六三%という、なきに等しい低さです。このように家庭重視の希望を持ちながら、多くの男性はそれとは大きくかけ離れた生活を送っているのです。そのギャップを日々体験している苦しさは同情を禁じ得ません。

でも、どうしてこのギャップが埋まらないのでしょうか。「自分がいないと……」「気になって休めない……」といった、自負とも思い上がりともいえる気持ちとワーカホリックな態度が、家庭は大事といいながら後回しにして、結局はしごと中心にしてしまっていることはないでしょうか。また本人はその気でも、同僚や上司にワーカホリックな働き方を求める雰囲気はないでしょうか。職場でのパワハラや嫌がらせは他国より多い(四人に一人)のですが、残業を断りにくい、休みが取りにくい職場でパワハラや嫌がらせが多い由です(東京都労働相談情報センター調べ)。いずれにしろ、しごとだけを長時間していることが質量ともに低い成果しか上げられないという事実を銘記すべきでしょう。家庭を大事にし、家庭の事をする／できる人は、しごともする／できるのです。

幼少時から「男はしごと」にふさわしくとしつけられ教育されてきた性的社会化の威力を感じさせられます。中央官庁勤務の女性が育休をとった時、「それ(しごとは休み育児に専念)が一番だ」「よかった」といった類いのメールが、勤め先の上司同僚から少なからず送られてきたとのこと。男性が育児休業をとったら、どのような反応が出るのでしょうか。「男はしごと第一」「男性が育児などとんでもない」という雰囲気、それと裏腹に「男は仕事／女は家事育児」の性別分業規範が、職場には隠然と潜んでいることを示唆するエピソードです。

何が男性の生き方を変えるか──「男はしごとも家庭も」への転機

このような「男はしごと」の風土の中で、「新しい」男性たちはどのように生き方の転換をしたのでしょうか。

中には、格別の転機なしに早くから性別分業に疑問を抱き、しごと／稼ぎも家事育児も協働の生活を妻と実践している人もいます。共働きの両親に育てられたことで自然にそうなった人、逆に「男は仕事、女は家庭」の両親の姿から「ああはなりたくない」と男女平等と夫妻協働の生き方を選び実践している人など、いろいろです。因みに、「ああはなりたくない」は、動物のようにモデルをそのまま模倣せず、モデルから逆の「なりたい」自分を考える、人間ならではのこと。能動的に学ぶ姿勢と力です。恋愛が転機になるケースも少なくありません。性別分業は当然と思っていたのが、仕事ができ男女平等の考えをもつ女性との出会いが男性のジェンダー観を変化させたケース(多賀二〇〇六)をみますと、強固な男性のジェンダー観と生き方を変えるには、なにがしかの事件が転機として必要なようです。

最近多いのは、心身の不調、会社の上司や同僚との考え方のずれ、妻との衝突などがきっかけとなって、自分の生き方／働き方に疑問を感じて転換に繋がるケースです。この種の葛藤は、程度の差はあれ誰にもあるものですが、それを仕方がないと諦めたり誰もが我慢しているなどと合理化してしまわず、問題の根を直視して解決するかどうかに、変化はかかっています。

距離をとって自分を眺めてみると、知らず知らずのうちに男性ジェンダーにがんじがらめの自分に愕然とする、そこで改めて自分はどう生きたいのか、どう生きるのが幸せかを考える、アイデンティティの問い直し、生き方を軌道修正し実践する方向に向かうことになります。

次のようなケースもあります。

ケース1

三児の父親で超多忙な大企業管理職のしごと人間。結婚以来、家事育児は有職の妻が全て担当。「夫はしごと／妻はしごとも家庭も」の新性別分業の生活だった。ある朝、しごとの都合で家事をせず出勤した妻を夫が非難したのをきっかけに、夫妻はそれぞれのしごとと家事育児について徹底的に話し合い。その後、「土日は家事／料理を担当する」と夫から宣言し、以来実践している。それまで夫はずっと「食べる人」「ケアされる人」で、家事と調理体験はほとんどなかったのが、今やパエリヤも残りもの利用のお惣菜も作る腕前。そしてしごととは全く異質の料理や家事は負担でも苦痛でもなく、むしろ気分転換になり、それまでとは違った自分を確認できたという。「しごとができる」だけの人ではない、自分はしごとも家事もできると自信を強めているという。

ケース2

子どもの不登校で相談に来所した母親が「自分だけでは子どもの問題はどうにもならない」と訴え、来談を求められた夫がこれまでの家族生活を話すうちに、妻がしごとをもちながら家事育児を一切こなし、自分は全くしてこなかったことに初めて気づき、自分と妻との関係と生活を見直すことになった。男はしごと／女はしごとがあっても家事育児は当然、とのジェンダー観がしっかり身についていた、その矛盾に夫は気づいた。カウンセラーは夫に自分の変化を妻に話すよう強く勧めている。夫と妻、男と女の関係についての認識が変わることで、二人の間の葛藤が解ける方向にいくと考えてである。

二人とも、父親は働き母親が家事育児という性別分業家庭で育ち、結婚後は夫は自分の本分はしごとと、妻が有職でも家事育児は妻任せの性別分業の生活でした。それが変わった契機は妻のしごとや子の問題など外から迫られてでしたが、その後は誰に強制されるでもなく自発的に自分の生き方を変え、家事育児も担う生活に転換しています。ここにはいろいろな要因が関係していますが、日頃の夫と妻のコミュニケーションがうまくいっている、相手の人格や能力を評価し尊重する姿勢がある、自分の生き方を変える柔軟性があるなどです。家事は女性のものではなく家族皆が担うものとの認識も重要です。ケース1の家庭では、その後、三人の子どもたちが中学進学を契機に次々と週一回の夕食担当になっている由。親たちの家事観と共同の実践が子どもの家事を自然に促したのでしょう。

なぜ「女性は元気」なのか——性的社会化にあらがって

ところで、最近、さまざまな場所で「女性が元気！」といわれます。一例を挙げれば、大学では女子学生が授業でも部活でも男子学生より活発で高い成果を上げています。自分の性格を評価させた研究でも（飯野一九九七）、女性は強さ／活発さ／積極性など「男性性」の特徴を（男性以上に）自分は多くもっていると評価しています。つまり、「女性は元気」だと自認しています。他方、素直／従順など「女性性」の評価は女性の方がむしろ低いのです。なぜこうなったのでしょうか。

「自分の性を受容しそれに期待されている特性を身につける」ことは適応であり、青年期の重要な発達課題とされてきました。ところが、女性青年は女性であることは認めるものの、女性に対する社会的期待つまり女らしさを受容しそれを身につけることには抵抗が強いのです。なぜなら、自分に期待されている女性性はこれからの社会で生きていくには十分ではない、それで幸せになるとは思えない、それよりも男性に期待されている強く積極的であること（男性性）が必要だと考えるようになったのです（柏木一九六七、一九七二、伊藤一九七八）。

社会変動を見据えて自分の生き方を考え、既存の女らしさ規範を受容せず、むしろ男性性をもつ生き方を選び変化していったのです。考えてもみてください。就職試験で「私は控え目です」「私は愛嬌があります」「献身的です」などといって、採用側にアッピールするでしょうか。「責任感がある」「リーダーシップがある」「論理的に考えられる」など男性性の資質ももっていなければ、採用しようとは思わないでしょう。実際働くことになれば、男性性の資質なしにはしごとはできません。

このような女性の心理は今から三〇年ほど前にすでに見られ、以来、女らしさジェンダーへの疑義と「男性性」志向は弱まることなく続き、それが「女性は元気」の現状になっているのです。発達心理学的にいえば、女性は、社会や親からの性的社会化の圧力に抗して自分の発達を自己制御してきた、といえるでしょう。このように発達した女性を「肉食系」などと、冷やかすのは見当違いです。そういうのは、「女はしとやかで控えめがよい」との時代錯誤の本音の現れです。

遅きに過ぎた男性の変化——イクメン／カジメンの登場

このような変化は、男子青年にはみられませんでした。男子青年は男性ジェンダーを抵抗なく受容し「適応的」だったのでした。性的社会化に忠実に従い家事育児は女の役割だとして自分はせず、しごと一筋とやってきたのでした。しかし、その男性の間にも最近、ようやくしご

表6-3 相手は自分をどう評価しているか（飯野，1997）

	男性性	人間性	女性性
	意志の強い 大胆な 決断力のある	明るい 健康な 誠実な	優雅な 従順な おしゃれな
男性	2.1	3.0	1.9
女性	2.6	3.1	1.5

とと家庭双方に軸足をおいた男性が現れたことは先にみた通りです。遅きに過ぎたと思います。

この脱ジェンダー化への変化は青年で顕著です。青年の性格自己診断（表6-3）によりますと、女子以上に男子の変化は注目すべきものです。女性が（男性よりも）「男性性」の得点が高いことは前述しましたが、「女性性」は男性の方が高いのです。ここには、男は「元気／活発」女は「従順」という男女の対照は見られません。それどころか、従来の男女の特徴は逆転し、男性で「女性性」が高く、女性で「男性性」が高い、つまり女性が元気、男性はやさしいとでもいえるのです。変化は女性のみならず、男性の間にもようやくしかし着実に生じているのです。

もちろんこれは平均値ですから、個別的にみれば、強く積極的な伝統的男性もやさしく従順な伝統的女性も当然います。けれども趨勢は、男女の対照的な性別化が弱まる方向へ変化しつつあり、「元気な女性」「やさしい男性」は少数ではなくなりつつあります。この脱ジェンダー化の動きが若い層に留まらず、より広い世代特に働き盛りの壮年期にも広まっていった時、日本人の生き方、働き方、家族生活にこれまでとは違った質的な変化が起こるでしょう。

カジメン／イクメンは変人か？——ジェンダーの囚われから離脱した主体的な発達者

カジメン、イクメンはカタカナで表記されてまるで珍品の外来種扱いです。草食系という表現にも、男性にあるまじき軟弱なというニュアンスが感じられます。いずれもまだ少数派ですから、稀少種扱いは無理もないかもしれません。でも、この男性たちは社会の変化を敏感に受け止めて長いこと男性を縛ってきた「男らしさ」に無批判に追従せず、むしろ背を向けて自分が納得する生き方を選び実践している。世間の大勢に流されず人からの評価で生きるのではなく、自分の信念に照らして自分を評価し律して生きている人です。発達心理学的にいえば、社会化の圧力に屈せず、自分の生き方と発達を主体的に自己制御しています。

カジメン、イクメンなどと揶揄《やゆ》できるでしょうか？　とんでもないことです。自分の人生を自分で選択して生きている先覚者、今後、増殖が期待される種です。揶揄する方が、もはや時代遅れの性的社会化に〝忠実〟なあまり陥った発達不全です。

こうした情勢の中で、ジェンダーそのものも変化しています。人々が男性性／女性性とみなす特性は、先の表のように一九七〇年には男性性／女性性にそれぞれ一〇以上の特性が挙げられていましたが、それが一九九〇年には五個ぐらい減少しました（湯川・廣岡二〇〇三）。人々が男性／女性に望ましいと思う特性は少数のものになっているのです。それでも、男性には強さ、経済力、指導力、女性にはかわいい、美しい、気持ちのこまやかさと、対照的なことは変わりませんが……。

ここで注目したいのは、性を超えて望ましい特性「人間性」の項目が、女性では以前よりも増え、かつては男性が女性に望ましいとしてきた「おしゃれな」が「人間性」の特性とされていることです。つまり「おしゃれ」は女性にも男性にも望ましい特性と考えられるようになっているのです。このことは、女性の男性評価に影響し(服装のセンスが重視される)、そのことは男性を変化させることになります。実際、身なりや髪型への男性の関心が、昨今女性に負けないほどになっているのはその一端です。このようにジェンダーの変化は男性と女性の性格や行動の発達に影響し、それは男女のしごとや家庭への関与など生活スタイルを変え、さらに生き甲斐にも変化をもたらすことになるでしょう。

ところで、自分は男性だ、女性だと当然のように思っています。誕生時に外部生殖器で「坊やですよ」「お嬢さんです」と告げられ、以後、その認定で男性/女性として扱われ当人もそう思って生きています。けれども、外部生殖器だけで画然と分けられず、染色体(遺伝子)と外部生殖器とが対応しないケース、外部生殖器の未発達なケース、さらに性意識(興味関心、ふるまい方など)が体の性と一致しないケースなどがあり、従来の男性/女性の二分法に疑義がもたれています。体と心の性が一致しないことを性同一障害といいますが、これを障害とレッテル

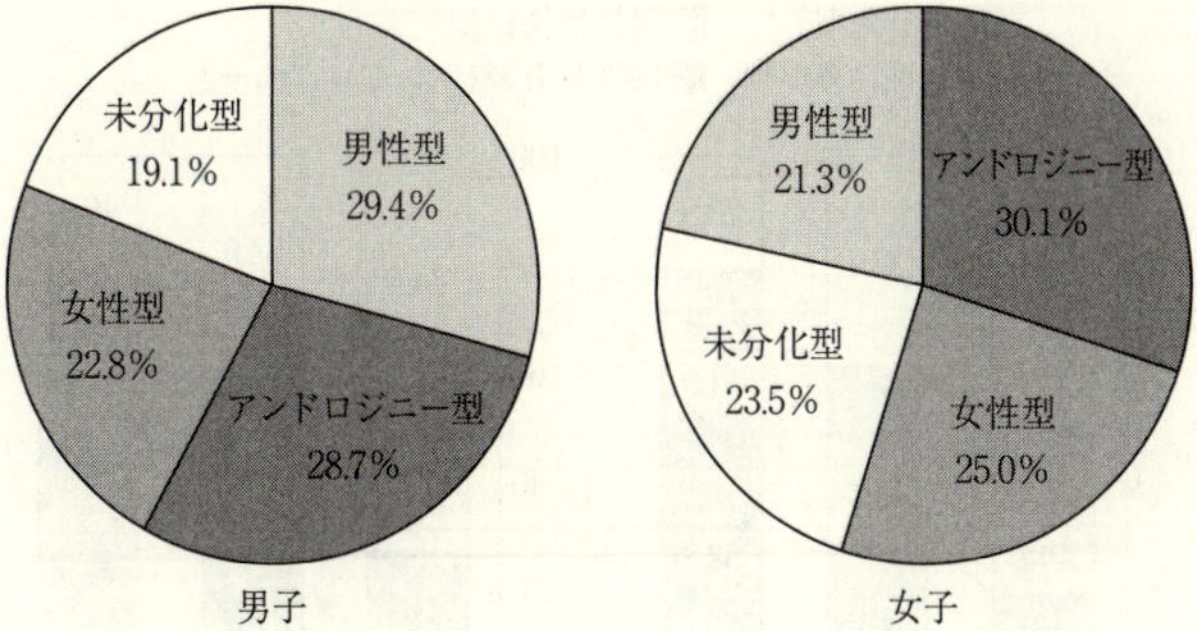

図 6-4　男女別にみたジェンダー・タイプの比率(東・小倉，2000)

をつけるのは、男性と女性にかっきり分かれている、それが正常だとの考えからです。

男性と女性のジェンダー・タイプ——アンドロジニーの増加

男性性／女性性の特性項目で構成された性格検査があり、男性特性と女性特性をどの程度もっているかを男性性得点、女性性得点で示すようになっています。この男性性得点と女性性得点を組み合わせることで、四種の性度のタイプに分類できますが、結果をみてください(**図 6-4**)。

男性性が際立って高い人を「男性型」、女性性が際立って高い人を「女性型」、どちらも高いタイプを両性具有／アンドロジニー型といいますが、このアンドロジニー型が男女いずれでも他のタイプより断然多いのです。男子でも男性性が高いタイプに匹敵する多さです。そして男性性得点と女性性得点のいずれでも男女の得点は接近してきています。つまり「男性は男性的」「女性は女性的」、男性だか

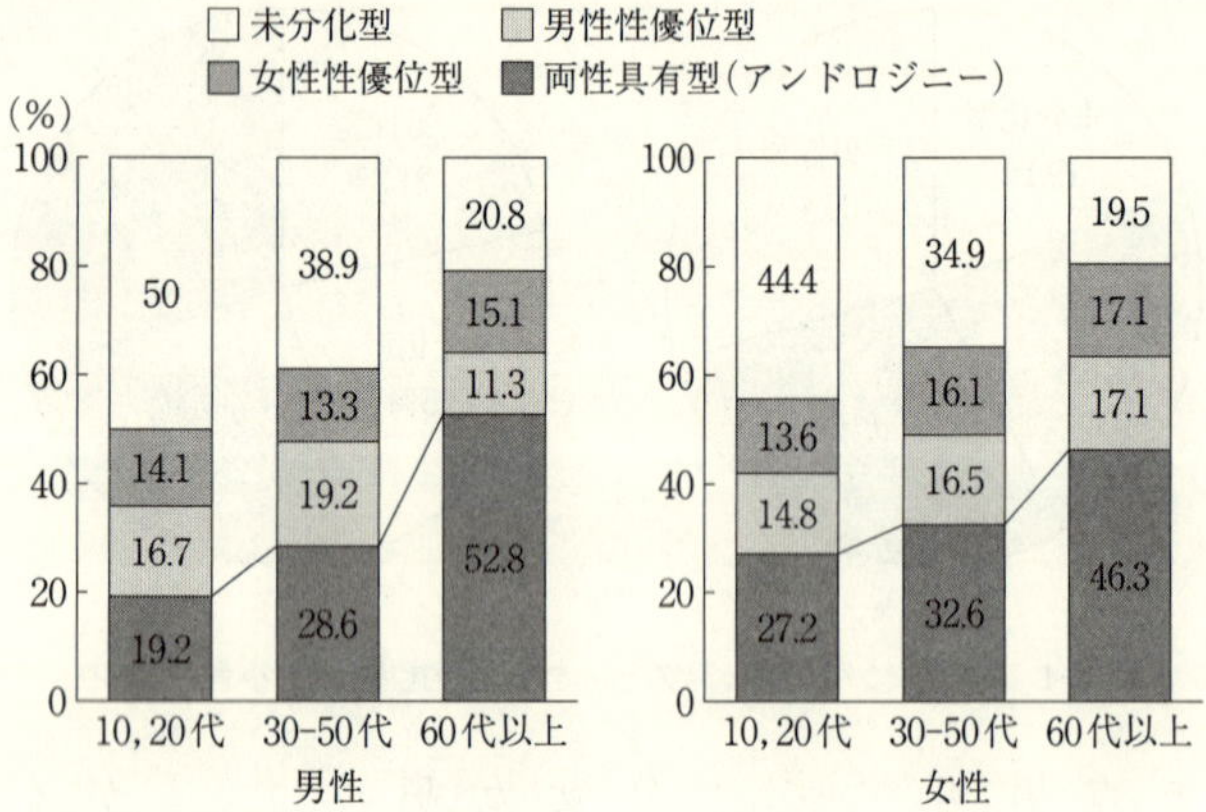

図6-5　年代別ジェンダー・タイプ(土肥，2011)

ら「男性型」、女性だから「女性型」とは限らなくなり、むしろ男性性と女性性を両方兼ね備えているアンドロジニーが男性でも女性でも多いのです。これは以前にはなかったことです。

高齢期のジェンダー——強まる「女性性」と脱ジェンダー化

この変化は高齢期にはさらに顕著です。七〇歳以降の高齢者では、男性でも女性でも女性性の得点が上昇し、男性でも「女性性」得点の方が「男性性」得点よりも高いほどです。つまり、加齢と共に「女性性」の特徴が増していくのです(下仲・中里・本間一九九一)。また年齢別にみますと、男女いずれでも男性性/女性性を兼ね備えたアンドロジニーの人が六〇歳以上では増加し、半数を超えるほどになっています(**図6-5**)。

表 6-4　高齢期の男性と女性の「変わったこと」上位５項目
（田矢・柏木，2006）

男　　性	女　　性
角がとれて丸くなった	人に素直に感謝できるようになった
人の立場や気持ちがよくわかるようになった	自然の草木，花などを愛するようになった
季節の移りかわりに敏感になった	季節の移りかわりに敏感になった
自然の草木，花などを愛するようになった	人の立場や気持ちがよくわかるようになった
人に素直に感謝できるようになった	今が一番幸せだと思えるようになった

すでに退職して家庭が主な生活の場となっている高齢者は、職業生活では有用だった男性性よりも人の気持ちを汲み取る、こまめに動く、やさしさなど女性性に類する心や力が求められ、鍛えられて発達するのでしょう。男性性と女性性が共に高いアンドロジニーの人が男女いずれでも増加しているのは、そのためです（土肥・広沢・田中一九九〇）。

歳を取って自分に起こった変化として、高齢者は表のような事を上位に挙げています（表6-4）。ここにみられる人や自然への愛情、温和で細やかな心などは、家庭や地域での生活あってのこと。そうした心をもっていることが日々の生活で求められ、高齢者本人にとっても幸せな気持ちにさせるのでしょう。男性としてでも女性としてでもなく、性を超えて人間として大事な心と力が加齢と共に発達し成熟するのです。

自尊感情が高いアンドロジニー――社会が求める脱ジェンダー化

なぜ、アンドロジニーの人が増えているのでしょうか？　要は、男性的特徴と女性的特徴どちらも備えていることが男女を問わず有用だからです。そして自分にも快く満足できることだからです。先になぜ「女性は元気」かについて、女性がおとなしく従順など女性性だけでは通用しなくなり、積極性、理性的など男性性の特徴ももっている必要が生じた事情を説明しました、これと同様のことが男性にも生じているのです。強くて積極的で指導力ありというだけではダメ、人の心が判る、他者への配慮、ケアする力などがしごとでも家庭生活でも求められるようになったからです。「おしゃれ」が女性だけでなく性を超えて必要な特性になったのはその一端です。

このことはどのような人の自尊心（自尊感情）が高いかをみると、よく判ります。自尊とは、自分の価値を認識し自分の存在に安心と誇りをもつ心理です。自己肯定感ともいいます。この自尊感情をジェンダー・タイプで比較してみますと（図6-6、図6-7）、男性でもアンドロジニーで自尊感情は最高です。これは学生世代でも高齢者でも同様です。男らしい男性／女らしい女性が自分に誇りをもっているのではないのです！　つまり、男であれ女であれ、男性性と女性性両方を兼ね備えているアンドロジニーの人が、自分に価値を認め、誇りをもっているのです。男性は「男らしい」などといばっていられない、また「女らしい」が女性の最大の誇りではなくなったのです。

アンドロジニーの人が最も自尊が高いことは、アメリカではすでに四〇年も前に見出されて

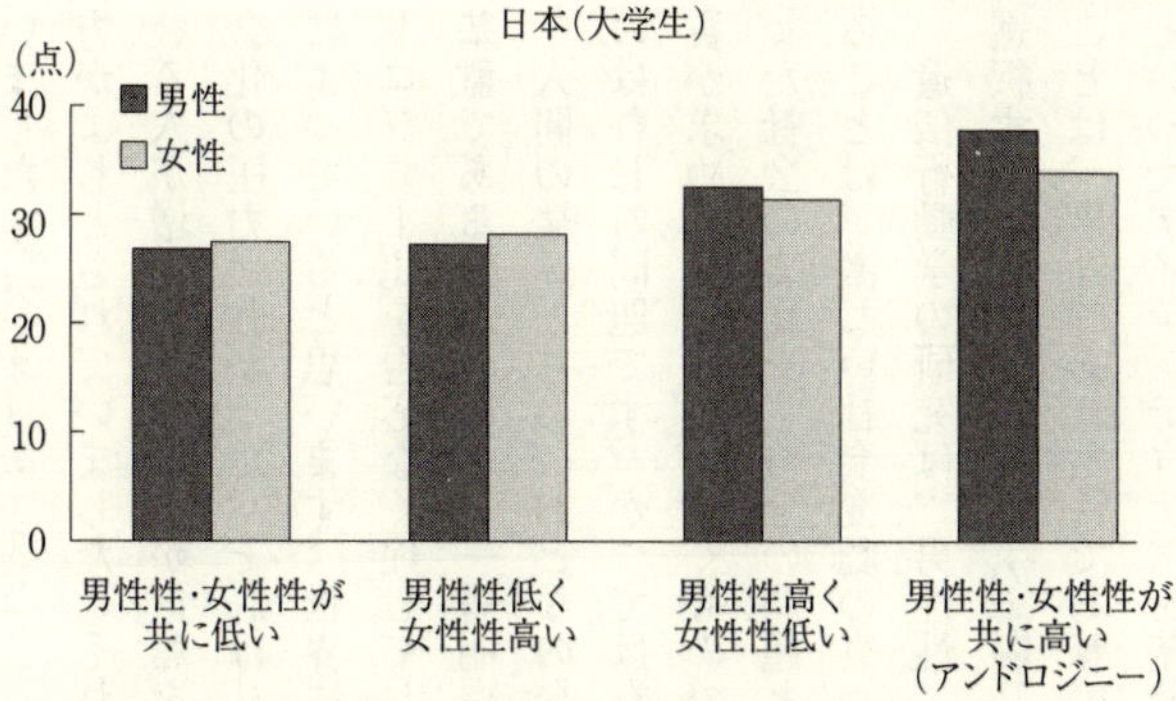

図 6-6 ジェンダー・タイプ別にみた社会的自尊感情(青年期)(東・小倉，1984)

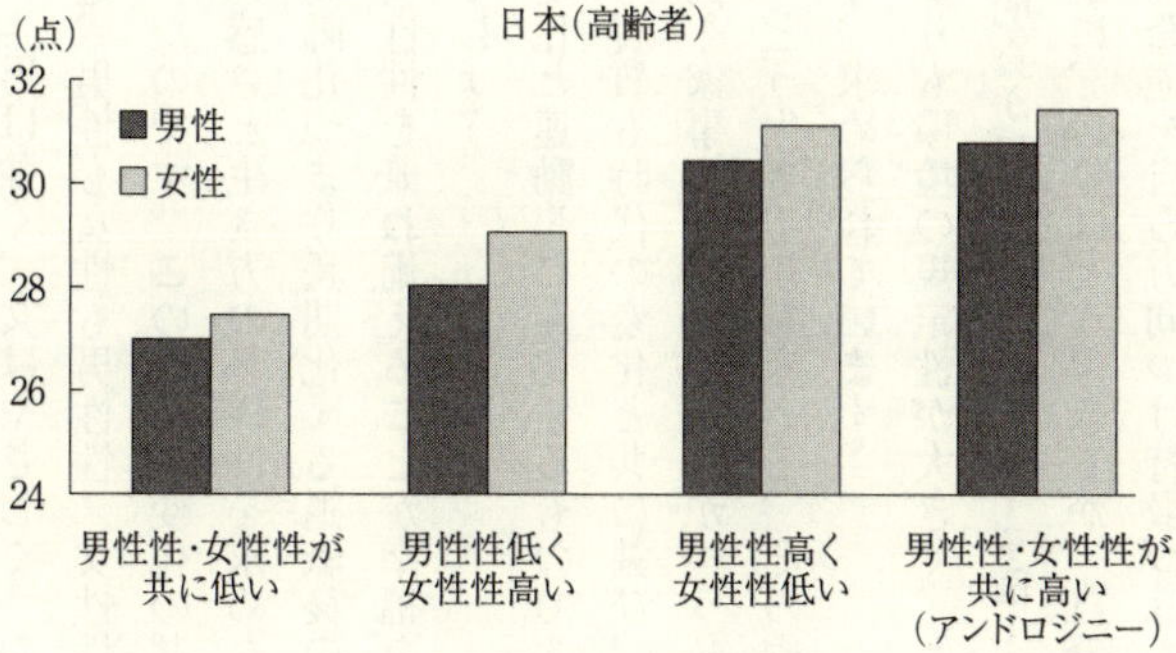

図 6-7 ジェンダー・タイプと自尊感情(下仲・中里・河合，2003)

いました（スペンスほか一九七五）。当時、日本では「男は強く、女はやさしく」の二分した生き方がよしとされていました。それがようやく最近、男性も女性も男性性／女性性双方を備えている人が増え、その人々が自尊をもつようになったのです。この日本の変化の遅さは、性的社会化の圧力が強かった、それは社会の変化への鈍感さと生き方の多様性を求めない日本の風土によっていると思います。世界に類をみない超高齢化つまり長期化する退職後の生活は、アンドロジニー化を否応なく促しており、男性性と女性性を兼ね備えることが幸福な生活と自尊の基盤であることは今後、一層明白になってゆくでしょう。

人間の発達とりわけおとなの発達は、社会の変化と連動して変化するものです。変化しないのはむしろ問題です。かつては有用だった能力も資質も時代の変化と共に錆び、別な能力や資質が求められ発達してゆくものです。男だけが働き家事育児は女性だけが担う必然性はなくなった社会の変化を、自分の問題として受け止め、どう生きるかを考える、その線にそって生きることは、激しい社会変動の真っただ中にいる今、求められています。

遺伝行動学の研究は、男性性／女性性は遺伝よりも環境の規定性が大きく、とりわけ各人が選択する環境（非共有環境）の影響が大きいことを明らかにしています（第1章図1-2参照）。このことは、男性であれ女性であれ生物学的な性以上に、自分はどう生きるか、自分の何が大事かといったアイデンティティを基盤として、自らの発達を自ら方向づけ特徴づけていく自己制御によるところ大であることを示唆しています。これは、オスかメスかで全てが決ってしまう動物とは異なる人間ならではの発達です。

「どう生きるか」から「どう死ぬか」へ

アイデンティティ、どう生きるか、をみてきた本章の最後に、「どう死ぬか」について書かないわけにはゆきません。かつてない長い非生産年齢期は、アイデンティティを青年の問題からおとなの課題とし、親と子の最後の関係も変質し、親の死は「惜しまれ嘆かれるもの」とは限らず時に「待たれる死」にさえなった事情について、先に書きました。いずれも医学の進歩による長命化がもたらしたものですが、この事態は「死に方」への意思という新たな課題を人々に提起しています。

高度に進歩した先端医療は延命を可能とし、終末期医療の選択によって命の質も長さも決められる事態となりました。延命――意識はなく引き伸ばされる生をつくりだす医療を受けるか否かが、当人のみならず家族に回答を迫られる今日です。もはや言葉も意識もなくなった者の枕元で、家族間さらに家族と医者との間で治療方針をめぐって意見の齟齬《そご》や対立する場面は稀ではなくなりました。このことは、誰もが自分の終末について予め意思決定し明示しておく必要性をクローズアップしています。終末は高齢者とは限らない、誰もが時期はわからない終末をもっているのですから……。

このことは、視点を変えればアイデンティティ即ち「どう生きるか」では済まなくなった、「どう生きるか」の延長として「どう死ぬか／生を終えたいか」を考える必要が生じたということです。もちろん「どう死ぬか」を決めたとて、その通りになるとは限らない、それは人知を超えたものによって決ることです。そのことを踏まえた上で、自分はどう死ぬか／どう死にたいか——自分の最後についての意思の明示は重要でしょう。

アイデンティティは抽象的概念的問題ではありません。自分を知り、どう生きるのが幸せか、何を大事にして生きるか、その具体的な生き方そのものです。そしてどう生きるか／生きたかは死の受け止め方、死への態度に繋がります。それは死に先立つ病への処し方でもあります。

アイデンティティ、「どう生きるか」の意思決定とその実践は、死を無視するのではなく死を意識することなしには不可能です。思えば、死について考えるのは人間ならではのこと。動物にはありません。そして生の充実は死への自律的意識なしにはあり得ません（中野孝次『いのちの作法』青春出版社、二〇〇二）。医学の進歩による高度治療による延命可能性——人間による命の支配／コントロールの時代が、この重要な問題をあらわにしたのです。このように、アイデンティティの問題はかつてない広がりと深まりと共に、自己選択／自己決定の重要性をクローズアップしています。

社会変動と発達

さて、自分をどう定義するかについて、日本人は欧米人とは違い、自分と関係ある他者や集団との関係で定義することが指摘されています。日本人は「長男です」「××大の学生です」「△△社の経理課長です」「○○県出身です」など、所属している集団の中に自分を位置づけることが多く、アメリカ人が「料理が上手」「社交的だ」「短気だ」「理性的だ」など自分個人の特徴で自己定義するのと対照的です。この対照を日本人の相互協調的自己、欧米人の相互独立的自己とマーカスと北山は名づけました。そしてこれは自己定義に留まらず、対人関係の作り方にも及び、日本人は自分の意思や立場よりも他者との調和的関係を保つことを重視するのに対して、アメリカ人は自分の意思を重視する、そこで他者との独立性／独自性を大事にするようにふるまう、といった対照にも繋がっています。

このような自己観と自他の関係についての日本とアメリカとの対照は、日本の伝統に照らしてなるほどと思われるでしょう。子どもへの発達期待でも、アメリカの母親は自己主張を強調しますが、日本の母親では素直や他者への気配りが強調されており、積極的で強い自己と他者と調和する自己という対照が認められます。レストランでそれぞれが自分の好みでメニューを選ぶアメリカ人、他の人の様子を見聞きしながら決める日本人、といった対照も思い浮かべて、日米の違いを理解するでしょう。

しかし最近の研究は、この日米の対比が必ずしも絶対ではないこと、また日本人が他者との協調をあまりに重視していることが心理的にマイナスの影響をもっていることが指摘されています。

自分のあり方の理想として独立的自己と協調的自己の双方が日米いずれでも理想とされている、しかし日本人は現実となると、独立的にはふるまえず他者への配慮や協調に傾いているのです。理想と現実との間にギャップがあるのです。日本の社会では他との協調が強く奨励される雰囲気があるために、理想のように自分を大事にし主張する独立的な行動はしにくいのでしょう。この理想と現実の乖離や協調性へのプレッシャーは、日本人の心理に決してプラスには働かないでしょう。「絆が大事」としきりにいわれる、にもかかわらず、絆は決して増えても強まってもいない事実（第3章）、育児不安が協調的自己をもつ母親で強い事実（石・桂田二〇一〇）などは、このような理想と現実のギャップと、他者との関係が自己を疎外してしまうしがらみともいえる負の力をもっていることを示唆しています。

第７章
幸福感
——何がその源泉か——

幸福は、誰もが願う心の状態であり、心理発達の究極ともいえる。しかし、「幸福」は人ごとに文化ごとに異なる極めて複雑で主観的なものである。この主観的幸福感がどのようなものか、何が幸福感を高めるか、社会／文化による違いなどを実証的データに基づいて考える。さらに超長命となり変動激しい今日、どう生を全うするかについても考察する。

日本人は幸福か？——主観的幸福感の国際比較から

幸福という言葉は、人生に満足しているとか幸せな気持ちといった心の状態を表すのに日常的に使われています。しかし、その内容は人ごとに微妙に違っていますから、その測定は容易ではありませんが、心理学ではそれをできるだけ客観的に捉えようと工夫しています。

その一つが人が自分は「幸福だ」「生活に満足している」と思う時の心の状態を表現する文章を集めて、主観的幸福感／人生（生き方／生活）満足度を測定する質問紙です。**表7-1**はそこで使われている質問項目例です。質問項目への回答の総得点で主観的幸福感の強さをみる仕組みですが、人生満足度、有能感、生命感、達成感、自尊心など領域ごとの得点から、幸福感の特徴をみるようになっています。この幸福感尺度を使って欧米からアジアにわたる一三カ国を比較した研究（子安ほか二〇一二）から、日本の特徴をみましょう。

図7-1をみると、日本の幸福感は一三カ国中韓国とともに最低です。領域別にみても日本は最低です。二〇〇四年に実施された世界価値調査でも、日本の「人生満足感」は七七国中二六位で高いとはいえないものでした（イングルハート&ノリス二〇〇四）。他方、幸福感の逆な指標である自殺率は、日本は高い順で四位（韓国は一位）と極めて高いのです（OECD二〇一一）。

表 7-1　人生(生き方)・達成感・幸福感の項目例(子安ほか，2012 から)

人生満足度
　大体において，私の人生は理想に近いものである．
　私は自分の人生に満足している．
　これまで私は望んだものは手に入れてきた．

有能感
　最後はきっと失敗に終わるという不安がある(−)．
　最後はきっと報われる時が来る．

生命感
　私は世の中に貢献している．
　私は周囲の生き物と調和して生きている．

達成感
　社会の中で自分は何か役に立っている．
　社会を変えていこうという気持ちがあれば，社会を変えることができる．
　自分の力で何かを成し遂げると，幸せな気持ちになる．

人並み幸福感
　身近な人たち並みの幸せを手にしていると思う．
　まわりの人並みの生活は手に入れている自信がある．

教育による幸福
　私が受けてきた教育は，私を幸福にしてくれている．
　私が受けてきた教育は，私の人間関係を豊かにしてくれている．

教育なしの幸福
　教育の力がなくても人間のできることはたくさんある．
　教育の力がなくても人は幸せになれる．

幸福メタ認知：感情
　私はたびたび，自分の今の感情について考える．
　不幸な気分のとき，その原因について客観的に考えるようにしている．

幸福メタ認知：判断基準
　私は周りの人を幸せにするとき，自分も幸せな気分になる．
　幸福と思うかどうかは自分の思い次第だ．

幸福メタ認知：統制
　私は自分がどうすれば幸せを感じることができるか正確に分かっている．

自尊心
　私は自分のことを無用の人間だと時々感じる(−)．
　私にはあまり誇れるものがない気がする(−)．
　全体的に私は自分自身に満足している．

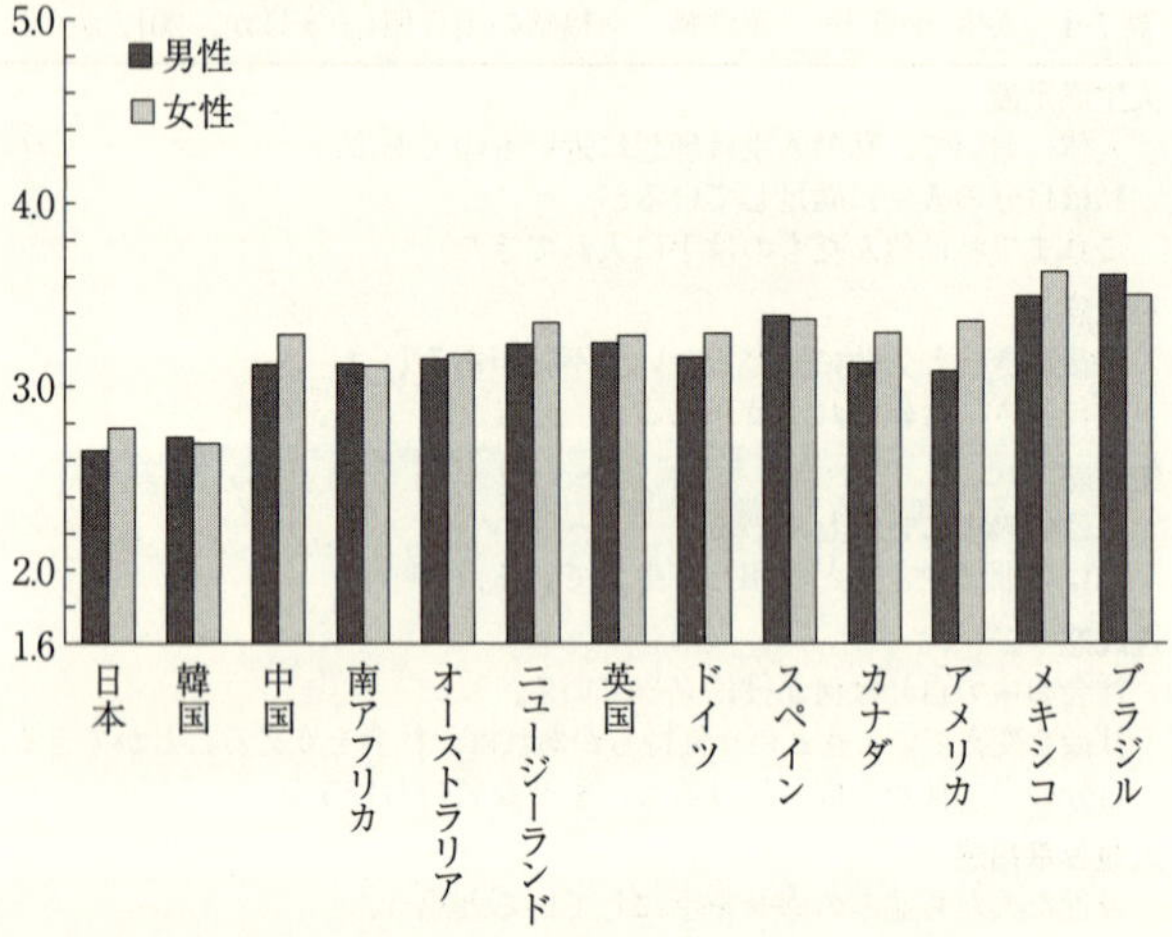

図 7-1　人生満足度の国別・男女別の平均値（子安ほか，2012）

因みに、幸福感が高いメキシコとブラジルでは自殺率は低いのです。このように国際的視点からみますと、日本人の幸福感は低く自殺率は高く、幸せに生活しているとはいえない結果です。

何が人々を幸福にするか——幸福感の規定因

日本も韓国も、人間開発指数（経済、健康／寿命など生命を保証する条件の総合的指数）は高い国です。その両国で幸福感は低く自殺が多い事実は、経済や寿命などでは幸福感は決まらないことを示唆しています。「幸福の経済学」（グラハム二〇一三）は、一人当たりのGNPがおおむね三万ドルを超えると、経済的要因は生活満足度という主観的幸福感には大きな要因ではなくなると指摘しています。当然といえば当然でしょう。高度経済成長が自然環境や地域、家族の繋がりに与えたダメージからも頷けるでしょう。では、何が幸福感を左右しているのでしょうか。グラハムは、経済に代わって浮上するのは、意義ある生活を送っているという極めて主観的な自分の生き方への肯定的評価だと述べています。幸福感は、「意義ある」生活をしているとの自己評価つまりアイデンティティとかかわるのです。

さきの国際比較研究は、「有能感(知識や技能を獲得し有能感や効力感を味わう)」「生命感(家族や他者との親和と承認)」「達成感(活動を通じて達成感を味わう)」の三つが幸福感を高めることを明らかにしています。ところが、この三つがいずれも日本は一三カ国中最低なのです。他者との親和や承認は日本では重要だとされているのですが、これさえも他国と比べて必ずしも高くなく、しかも幸福感に繋がっていないのです。

これと関連して特記したいのは、日本での自尊心/自己肯定感の低さです。一三カ国中最低です。思い出されるのは、日本の子どもが自分は価値ある存在とは思えない、ダメな人間だと思う子が他国よりずっと多いことです(日本青少年研究所調べ)。おとなはこの延長線上にあるのです。自尊心/自己肯定感情は、自分で試行錯誤し苦労した末「できた!」という体験と、自分が他者のために役立ったとの実感を味わった体験によって獲得されるものです。何でもしてもらえる、教わるばかりで自力達成の体験は乏しい、そして家事手伝いもせず遊びや勉強など自分のためばかりの保護的な生活では、自尊心は育たないのは当然でしょう。そうして育ってきたおとなに突然、自尊感情が高まることはまず考えられないでしょう。

日本は不景気といわれながらも物的豊かさにおいてトップの国の一つであり、そして教育水準も高い国です。しかし子どもは「いい」学校への圧力と激烈な競争にさらされ、おとなは職場でも家族生活でも長時間労働や孤独な育児などストレスフルな状況が顕著です(第4、5章参照)。このような生活では、ものの豊かさはあっても生命感や有能感を味わうことも達成感を得ることもできず、幸福感の低さになっているのは当然でしょう。

別な資料から日本人の幸福感の特徴をみましょう。「私にとって幸福とは——」という文章の後半を自由に完成してもらう方法(SCT)があります。自分が考えている幸福感の内容を自由に書くので、その人の「幸福」をより具体的にみることができます。この方法による研究でも、「幸福」の内容や規定因が国によって少しずつ違うことが判っています。

「他との共存」は、全ての国で「幸福」の最大の位置を占めています。これはかねて日本をはじめ東洋で重視されているとされてきたものですが、日本以上にアメリカやメキシコなどで大きなウエイトを占めていますから、これは幸福を左右する普遍的な要因といえるでしょう。日本の特徴の一つは、他国では幸福感と結びついている「達成」が幸福感とそれほど結びついていないことです。これは、日本人が個人の達成や業績を他者との共存や協力によるとする

（「皆の協力があったから……」「〇〇のお蔭で……」という風に）傾向と関係があるでしょう。そこで個人の達成と他者との共存は、不可分に結びついて幸福感を規定しているのでしょう。

幸福感と文化——何が幸せかは文化によって違う

「幸福感」は、その強さも内容も国によって異なることが見出されましたが、これは幸福感と文化という文化心理学で議論されてきたテーマです。そこでは、欧米人の幸福感は自尊心や自立性、自己統制感が核で、日本では他者との関係や協調が重要といった対比が論じられています。自分を定義する際、アメリカ人は他者との違いや独立性を、日本では他者からの評価や他者との関係をそれぞれ重視するという対比がありますが、これが幸福感にも通じているのでしょう。

幸福の追求は人間全てに共通する強い心の働きです。けれども何を幸福とみ、どうあることが幸福かは、生まれ育った社会の中で特徴づけられる、そこで幸福感の規定因に文化差があることは、社会化／文化化という発達の原則に照らせば当然だと理解できるでしょう。

しかし、この文化差を余り強調してはならないでしょう。多くの文化に通じる共通性も少なくないからです。幸福というものには、身長や体重のように万国共通の測定器はありません。けれども、現在広く使われている幸福感尺度の項目は、多くの文化で共通して有効な質問が大部分です。従って、少なくとも幸福感の中核は通文化的で、その周辺に文化ごとの特徴があるとみるべきでしょう。

さらに、各国間の差をしばしば文化差と捉えがちですが、これも早計です。今、世界は激しく変化しつつあり、人や文化、情報の交流はかつてない早さで進んでいます。日本社会の圧倒的マジョリティは代々日本生まれの日本人ですが、外国生まれ、帰国児童、短期・長期の外国在住者、国際結婚で生まれた子など、多様な「日本人」が人口構成に占める比重は年々大きくなっています。このような現在、「日本文化」と一つにくくれない多様な価値／規範が日本人の間に混在しているはずです。国間の差以上に、日本の中に生じている文化の変化と多様性に眼を向けるべきでしょう。

文化差とはいうが——文化の変容と多様化

今から三〇年余前、日米の母親と子どもの比較研究で日米差と同時に日本では著しい個人差が見出され、日本の母親の価値観や行動が高学歴化と連動してアメリカ型に変化していることが確認されています(東・柏木・ヘス一九八一)。高学歴の母親は、子どもへの期待やしつけ方がアメリカの母親の特徴を帯びていたのです。当時、女性の高学歴化が進んだ時期でしたが、高等教育を受けることが単に知識や技能の習得にとどまらず、価値観や行動を欧米的な方向に変化させていたのです。

当時以上に人口構成、価値、文化の多様性がすすんだ今日、日本人の幸福感は一様ではなく変化が起こっているでしょう。何が変化を促しているか、その一端を示す研究も現れてきています。自己受容、他者との肯定的関係、自己成長、環境のコントロールなど幸福感を構成している特性は教育歴と関係しており、高学歴層ほど高くなっています（唐沢・杉野二〇一二）。

この結果は、高等教育の影響が高齢期の生き方にも及んでいることを示唆しています。先に女性の達成意欲や満足感が高学歴化に連動して変化していることを述べました（第2章）が、教育を受けることによる生き方や価値観の変化は、後々まで持続的に作用するでしょう。

他者との協調性が重視されるという日本で、変化の兆しが諸処にみられます。どのような生き方を理想とするかを尋ねたところ、相互協調性と同時に独立的生き方も同じく重要だと回答していることも報告されています（橋本二〇一二）。すでに言及してきた女性を中心に進行している個人化志向も、日本の他者との相互協調性重視文化からの変化、離脱と見なすことができるでしょう。

人はそれぞれが「個人文化」を紡ぎ出す

人の発達は生育する社会と文化によって特徴づけられることは確かにあり、文化は重要な発

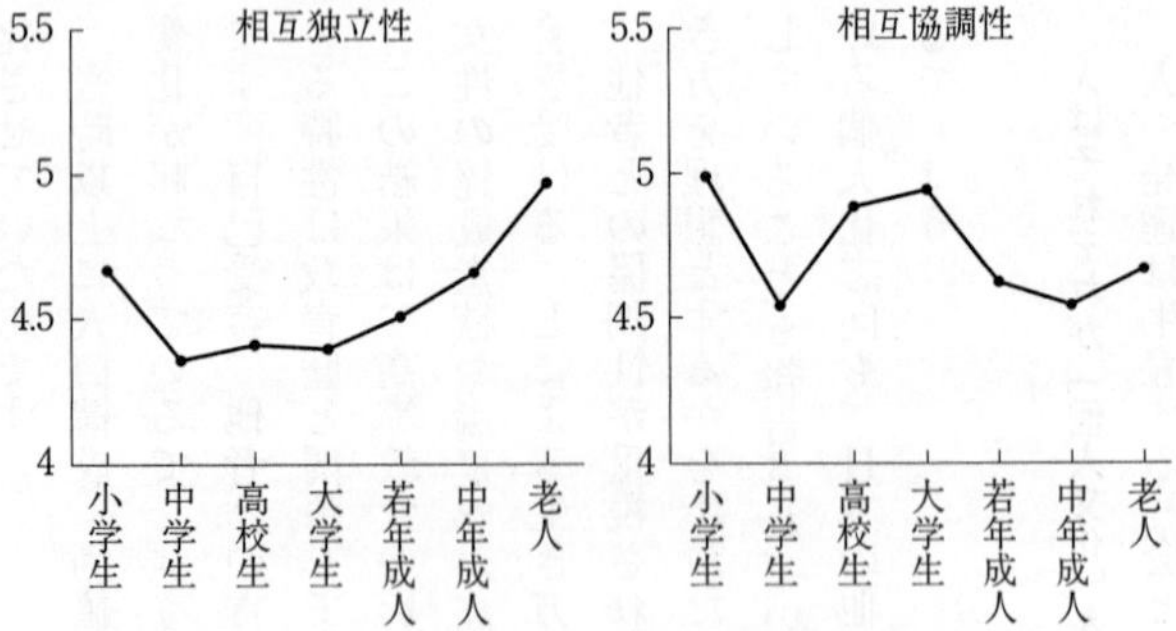

図 7-2 相互独立性・相互協調性の発達過程(高田, 2007)

達環境です。しかしこの環境である文化は一筋縄ではなく、同じ日本に生まれても年齢(時代)、ジェンダー、教育、職業、地域などによって異なります。文化はそのまま直接個々人に作用するものではなく、人ごとに外部の文化から選択して取り入れ消化し変容させ、個人ごとの文化を紡ぎ出しているのです。社会変動が激しく情報の多様化もその伝播も急激になっている今日、日本に支配的な(だった)文化が即その人の文化ではない可能性はますます大きくなっています。溢《あふ》れるほどの情報や刺激がある今日、個々人が選択し再編する「個人文化」を紡ぐ必要性は大きく、それは受動的な社会化文化化を超えた、発達の自己制御の働きの一環です。

その視点から注目されるのは、相互独立性がおとな以降強まることです。相互協調性と相互独立性を小学生から高齢者まで追跡した研究は、大学生頃までは相互協調性が強いのが、おとな以降、相互独立性が強まっていく事を明らかにしています（図7‐2）。

家庭や学校など社会化の働きが優勢な時期は、日本で尊重される和、他者との協調、従順など相互協調性文化・価値が社会化されるのでしょう。それが、加齢にともなって多様な経験を積む中で、個人の独立性の価値を認め、自律的独立的に生きる方向に傾斜していくのでしょう。

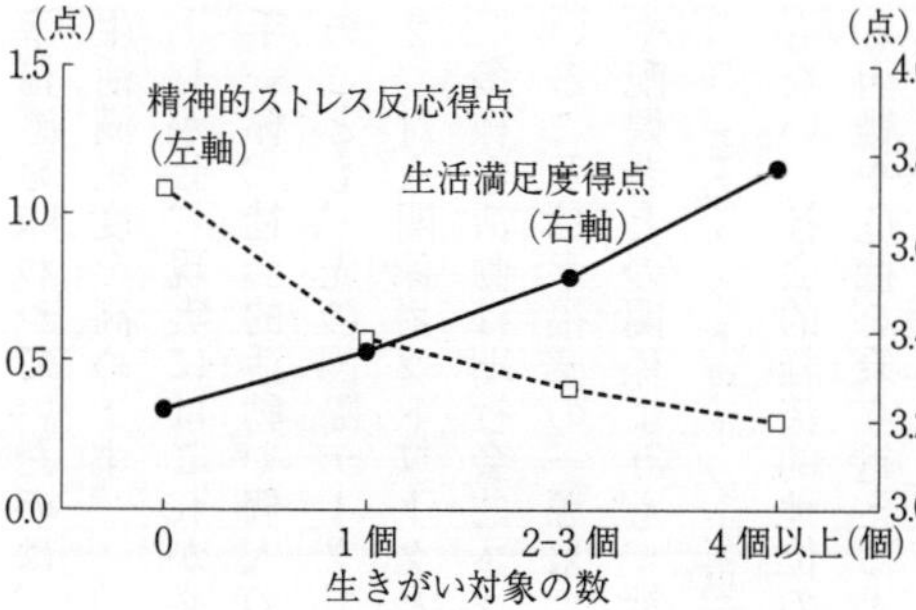

図7-3　定年前後の男性における生きがい対象の数による生活満足度・精神的ストレス反応（熊野，2008）

何が幸福感を決めているか——日本人の幸福感の規定因

これまで幸福感を主に文化の視点から、日本人の幸福感が決して高くなくむしろ低いこと、また概して女性の方が幸福感が高い傾向があることをみてきました。このことを念頭に、日本人の幸福感の特徴にはどのような要因が関わっているかをみましょう。

1　多様な活動への参加

多様な活動に参加していることは精神的ストレスを低減し、生活満足度を高めます（図7‐3）。第三章でみた退職後の高齢者が地域や趣味の活動に加わって生き甲斐を見出し幸福感を味わっていたのは、その好例です。そのような活動が多いことはストレスを低減させ生活満足度を高めます。

しかし、現実にはこれが必ずしもうまくいっていません。男性はしごと、女性は家事育児で手一杯、社会的活動や個人の趣味学習活動から疎外されているおとなは少なくありません。このことも、先の国際データで日本人の幸福感が低い一因でしょう。

2 対人関係ネットワークと主観的幸福感

多様な活動は即社会的ネットワークに繋がるものですが、この社会的ネットワークをもっていることは幸福感の一源泉です。専業主婦の生き甲斐や幸福感は、家事育児など家族内の活動や配偶者との関係よりも、社会的活動や家庭外のネットワークから得られています(西田二〇〇〇)。このネットワークの重要性は加齢とともに一層大きくなります(熊野二〇〇八)。加齢にともない、社会的経済的地位の減退や心身機能の衰えなどは誰しも避けられません。そこで生じる困難や危機を乗り越える上で、社会的ネットワークは支えになり、幸福感を維持し高めることになるのです。逆に、社会的ネットワークの有無は死亡率にも関係しています。社会的ネットワークが乏しくその密度が疎である人ほど、男性でも女性でも死亡率は高いのです(図7-4)。親密なネットワークは文字通り「安全の基地」なのです。

3 互恵的関係の重要性——与えられた関係から選び合う「選択縁」へ

対人関係理論の一つである衡平理論は、関係への満足感や継続性は双方の授受関係の均衡がとれている、つまり互恵性が重要なことを実証的に示した理論です。この互恵性は、家族や個人の愛情ネットワークにおいても重要なのです。自分の頼りになるという一方的な利益では長続きせず、幸福感にも繋がりません。自分も相手から求められ、その人の役に立てるという互恵的な関係が重要です。次の高齢者の語りは互恵的関係が生き甲斐と幸福感の基盤となっている好例です(守屋二〇〇六)。

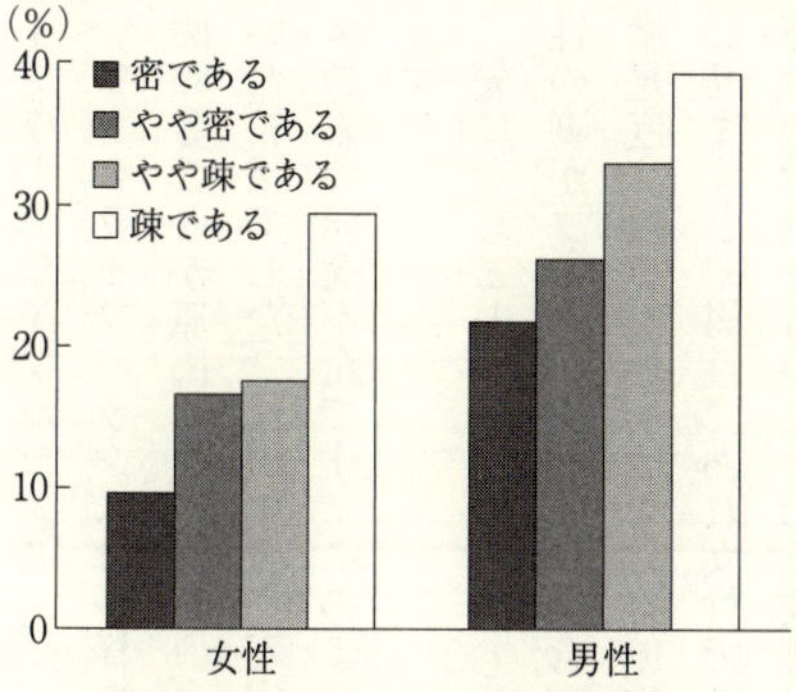

図 7-4　60-69歳のネットワーク指標と死亡率の関連(Berkman & Breslow, 1983)

Oさん……女性、八一歳、娘や孫と同居。孫の勉強相手をしているが、そのために自分も小学校教科書を勉強して孫が六年生になるまで指導した。(中略)一方、彼女は自分が病気の時は子たちの世話を受け、孫には旅行に同行してもらうなど、文字通り「頼り頼られる関係」をもつ。しかも自分を頼る人に「自分も助けられている」と互恵的関係を感謝し、平穏で幸せな日々を送っている。

4 ワークライフバランス

ワークライフバランスは多様な活動への参加に通じます。過労死は一つのことだけに長時間関わることが原因(第6章)です。つまりストレス低減と生活満足につながる活動の多様性を欠いた結果でした。母親の育児不安も、形こそ異なれ活動の偏り、ワークとライフのアンバランスの末の発達不全です。このように、ワークライフバランスはおとなの心の安定と発達の基盤です。

先に「しごとと家庭」に同じ比重で関わっている男性のことを述べました(第6章)。この男性の妻がフルタイム有職の場合、つまり夫妻双方がしごとも家庭もしている場合、男性の生活満足度は最も高いのです。育児不安や結婚への不満が無職の女性で高いこと(第5章)を考え合わせますと、男性であれ女性であれ一つの役割だけでなく職業と家族、双方の役割を担う——複数の役割をもつことの重要性は明らかです。先に日本のカップルでは夫満足/妻不満の構図が顕著だと述べました(第4章)が、そうした中で夫妻ともフルタイムで働きつづけた中高年カップルで夫も妻も配偶者満足度は高いのです(柏木・数井・大野一九九六)。これらから、夫と妻のワークライフバランスは幸福感にかかわる重要な要因といえるでしょう。

男性の多くがもっと家庭に関与したいと希望しながら、現実には仕事最優先の生活を送っている、このギャップは日本人の幸福感の低さと無関係ではありません。日米の男性の比較研究で、育児家事を日本よりはるかに多くするアメリカ男性の生活充実感は極めて高く、「父親としての自分」が好きだと答えていることは、注目すべきでしょう(第6章)。ワークライフにわたる生活がアイデンティティを豊かで確かなものとし、生活満足度を高める、これを実現できるかどうか、日本人の幸福に関わる課題を提起しています。

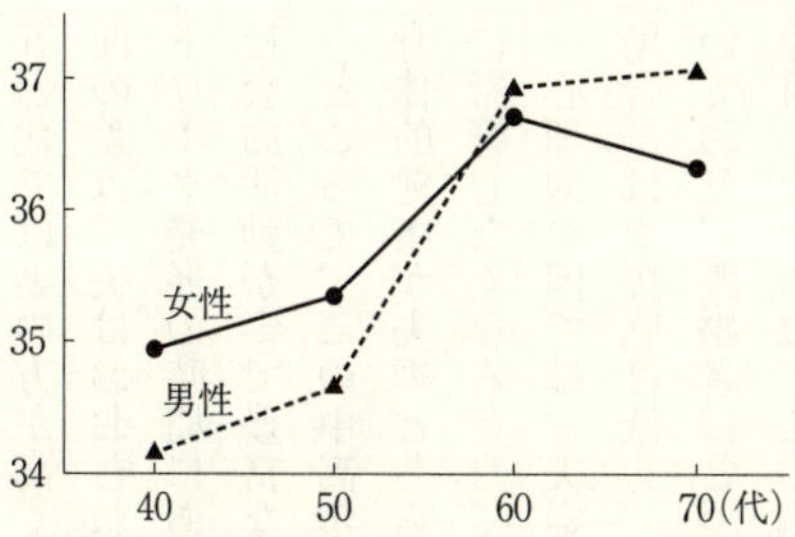

図7-5　主観的幸福観(伊藤・下仲・相良，2009)

中高年既婚者の幸福感——健康と収入

中高年の大方は既婚者ですから、結婚や配偶者への満足度は幸福感と密接に関わるだろうと予想されます。幸福を求めて結婚する(した)のですから——。しかし歳月と共に、結婚や配偶者への満足度は変化し、夫と妻間には著しいずれができることは第4章でみたところです。このことを念頭に、この年代の男性と女性の幸福感を概観しましょう。

図7-5は、四〇～七〇歳の配偶者のいる中高年男女の幸福感の年代による推移を示したものです。

主観的幸福感は六〇代つまり定年期に最高で、これは男女全く同様です。しかし、その他の年代では男女差があり、四〇～

五〇代では妻の方が高く、夫は六〇代以降も上昇しています。この時期によってみられる夫妻間の差は、夫はおおむねしごとに追われる生活、他方妻は、育児期を終えて社会的活動とネットワーク発展の時期にあたる、という生活の相違によるでしょう。この社会的ネットワークと社会的活動が妻で豊富なこと(第3章)が、この差をもたらしているのでしょう。

ところで、この中高年者の幸福感が何によって規定されているかを検討した結果は、年収と身体的健康が夫妻どちらでも最大の要因でした。グラハムは高収入者では経済的要因は幸福感に影響しなくなるとしていますが、日本では依然として収入、経済的豊かさは重要なのです。

心理的要因では、夫婦関係満足度が夫妻双方で幸福感に影響しています。離婚を考えている場合には幸福感は低く、相互に愛情と尊敬を抱いているカップルでは夫妻とも強い幸福感を抱いており、既婚者にとって夫婦関係如何が幸福感を左右するのは当然でしょう。ただしここで注目したいのは、この調査対象の夫婦関係満足度はどの世代でも一貫して夫が格段に高いことです。

これは何も驚くにあたりません。夫婦関係についての研究は「夫は満足、妻は不満」という差を一致して見出しています。この、妻は結婚満足度が低いことが、妻の幸福感が夫より低い何よりの背景でしょう。しかし、妻はどの時期にも夫より豊富な他のネットワークをもっていますから、それが配偶者満足度の低さを補う役割を果たしています。

生き方によって違う妻の幸福感

幸福感を規定する要因をもう少し詳しくみますと、妻では職業の有無と形態によって違うのです。図7-6は分析結果の要点です。

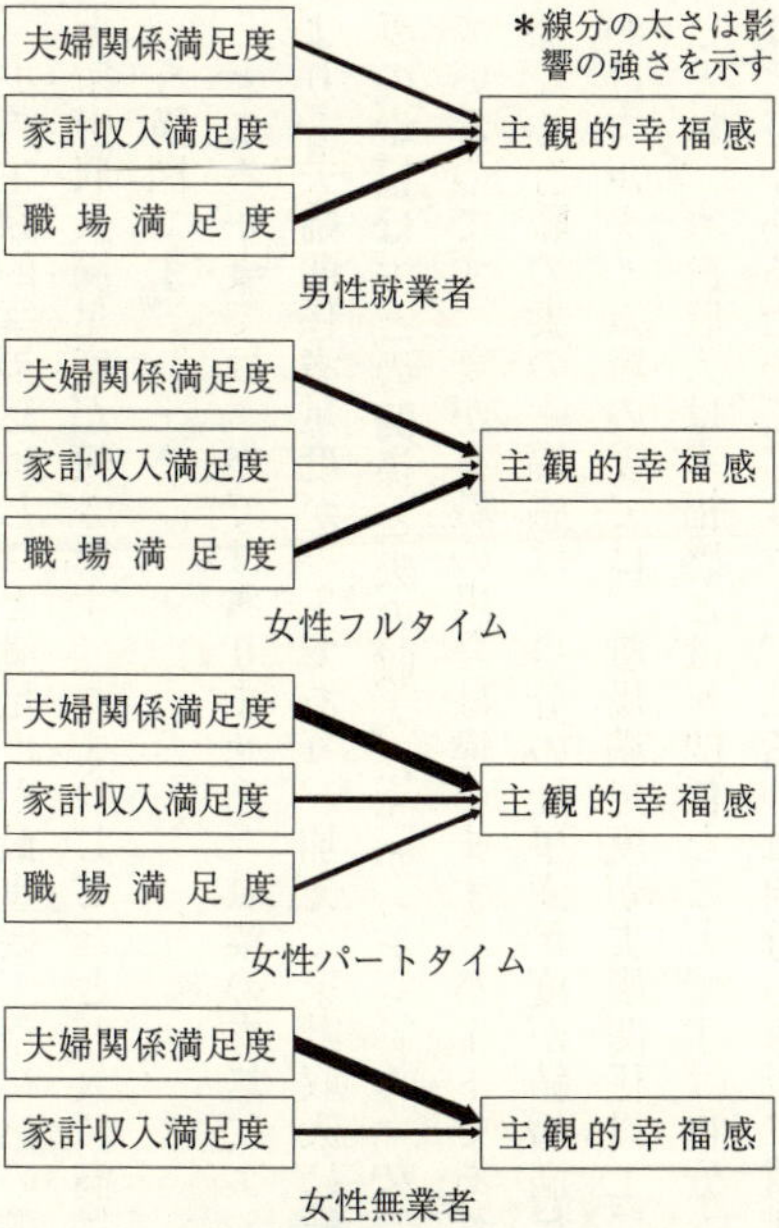

主観的幸福感の項目（抜粋）

- あなたは，人生が面白いと思いますか
- 危機的な状況（人生を狂わせるようなこと）に出会った時，自分が勇気を持ってそれに立ち向かって解決していけるという自信がありますか
- 今の調子でやっていけば，これから起きることにも対応できる自信がありますか
- 期待通りの生活水準や社会的地位を手に入れたと思いますか
- 自分がやろうとしたことはやりとげていますか
- 自分の人生には意味がないと感じていますか
- 非常に強い幸福感を感じる瞬間がありますか

図7-6　既婚者の幸福感には何が影響を及ぼすか（伊藤・相良・池田，2004）

夫の主観的幸福感はしごと満足度が最重要、幸福感の源泉なのです。それに夫婦関係満足度と家計収入満足度が続きます。つまりしごとと収入に満足し夫婦関係もよければ、夫は幸福という構図です。

ところが妻では一様ではありません。職業の有無によって違います。無職の妻の幸福は、何よりも夫婦関係満足度がキーであり、加えて家計収入に満足していることです。つまり無職の妻の幸福は夫との関係と夫の収入にかかっており、「女の幸福は結婚(夫)次第」が今も通用しているのです。妻が有職の場合は違います。パートであれフルタイムであれまた子の有無に関係なく有職の妻の幸福感は、自分の仕事満足度が結婚満足度に匹敵する大きな要因です。とりわけフルタイム職の妻では、職場満足度が夫婦関係以上に大きな要因です。そして注目すべきことは、家計収入は幸福感とは無関係なことです。自分もフルタイムで働いているため家計にゆとりがあるためでしょうか、あるいは自分も家計に貢献しているからでしょうか。ともあれ、夫だけが働く場合には、夫の家計収入が妻の幸福感に大きな意味をもっているのとは大きな違いです。

夫の収入が妻の幸福感を規定していることは、夫の収入への期待が高いことを意味します。その期待を受けて、夫には「男はしごと」「稼ぎ」の意識が助長されるでしょう。そして「しごと人間」にならざるを得ないでしょう。しかし、しごとへののめり込みは心身の健康に繋がっており、夫の幸福感を低下させかねません。在職中の四〇～五〇代の夫での幸福感が妻よりも低いのは、しごとへの圧力と働き方も原因ではないでしょうか。それから解放されることで、六〇代以降、男性の幸福感は上昇するのでしょう。

他方、夫との関係だけに依拠した無職の妻の幸福感は安定したものとはいえないでしょう。夫婦関係がうまく行かなくなったら「離婚すべきだ」との意見は、老若男女を問わず高く支持されている今日、誰もが離婚の可能性にさらされており他人事ではありません。そのような時、夫との関係と夫の稼ぎだけに依拠した幸福はもろいものだと考えざるを得ないでしょう。「女の幸福は結婚(夫)次第」は、人生は短く離婚も少なく女性が職業をもてず嫁として生きるほかなかった時代には通用しましたが、今日では通用しにくくなったのですから……。

「男はしごと、女は家事育児」の支持が最近、増えています。この背景には、女性はしごとをもっても自分だけが家事育児を担う大変さ、また過労死につながりかねないほどのしごとの過酷さがあるでしょう。しかし、これまでみてきたことを考え合わせますと、性別分業が問題をはらんでいることは確かです。このことは幸福感のみならず、夫と妻の関係性を考える上で重要なポイントです。

ともあれ、既婚女性の心理的健康や幸福感に夫婦関係満足度は大きな要因です。しかし妻にとっての夫婦関係満足は単なる相思相愛ではありません。二人が対等な立場で相互に個性を認め尊重し合う信頼感に基づいたパートナーシップをもつことです。

ところが、夫は「相思相愛」と同時に「夫唱婦随」も重要といい、他方、妻は「個人化志向（夫といえども他人／自分の時間空間をもつ）」を重視するというずれがあります（柏木・平山二〇〇三）。このズレがあっては幸福感にはつながりません。性別分業という伝統的意識をもっていない、そして夫と別室就寝の場合、妻の幸福感が高いという研究（伊藤・相良・池田二〇〇三）がありますが、妻に強い個人化志向が夫婦の関係で実現されていることが、幸福感にとって重要なことを示唆しています。

多様な生き方／多様な役割と幸福感

退職まではしごと一筋の男性に対して、女性では、専業主婦、既婚有子のキャリア、子どもをもたない有職女性、独身のキャリア、など多様な人生が展開されています。社会が多様な生き方の機会を提供し女性が選択した結果です。そこで、女性の幸福は生き方によって異なるものとなりました。「女性の幸せは結婚次第」とは限らず、いろいろな幸福がある、これは男性にはみられないことです。妻の幸福感が職の有無によって異なることをみましたが、夫や日常生活への満足度でも違いが鮮明です（図7-7）。

役割が多いことは多忙であるけれども満足度は高い、そして母親であると同時に職業をもっ

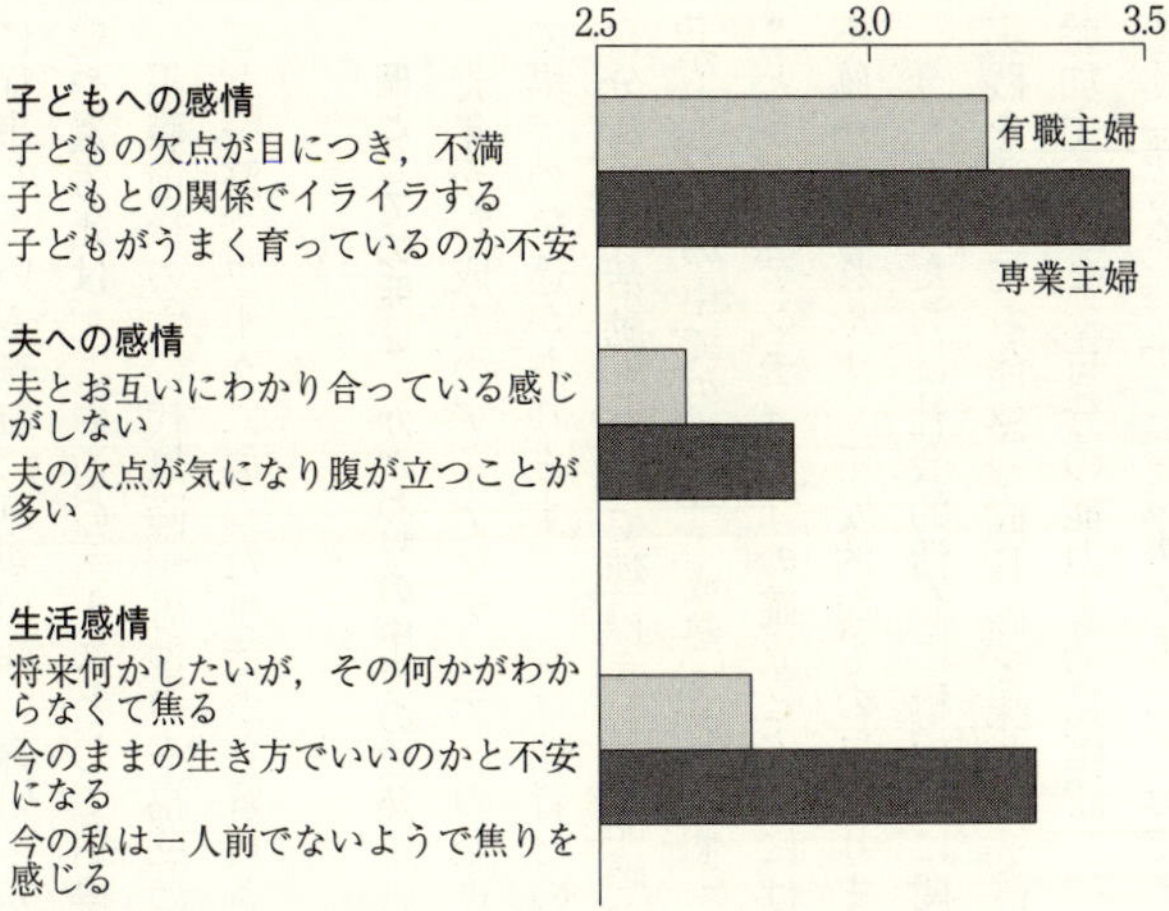

図 7-7　主婦の生活感情——有職主婦と専業主婦の比較（永久，1995）

ていることが、家族への感情にも自分の生き方にも肯定的な感情に繋がっているのです。複数役割をもつ、ワークライフバランスの重要性を示すものでしょう。

「働く母」という言葉は、既婚有子の女性が職業をもつ（働く）のは例外的なこと、それは家庭や育児や本人に心身の負担や弊害がある、との批判を込めて使われたものでした。その「働く母」が今や多数派となり、無職女性よりも高い幸福感を抱き育児不安も低い事実（第5章）は、複数役割を担うことが（〝働く母〟への危惧や批判に反して）積極的な意味をもっていることを示しています。これは、複数の異質な活動に能動的に関与することが精神的健康に寄与する、という産業心理学の知見とも合致します。育児という単一の課題だけに従事している無職の母親の強い育児不安や、しごとだけの生活の男性のメンタルヘルスの問題や過労死は、この逆のケースとして納得できるでしょう。

退職前後の六〇代以降、男性の幸福感は概して高くなります(図7-5)が、それは在社中のしごと一筋、ワークに偏った生活から解放されたことが大きいでしょう。

個としての発達／かかわりの中での成熟——アイデンティティ確立の二つの相

青年から成人のアイデンティティの発達を総覧しますと、アイデンティティの確立には二つの場での発達があります。一つは他者との親密な関係の中での自己の定義／確認、もう一つは自分自身の活動と存在で獲得する有能感や自尊を基盤とした自己定義です。換言しますと、「かかわりの中での発達・成熟」と「「個」としての発達」で、この二つの発達プロセスをもつことがアイデンティティの確立と安定には重要です。一方だけに偏っている場合、自己認識は不確かで壊れやすく不安的なものになります(岡本一九九九)。

今、女性たちは社会的活動に積極的に関わり、その活動を通じて自分の能力や関心を発見し実践を通じて有能感や成長感を味わっています。「働く母」たちは家族役割外の社会的活動に参加することで自分の能力を発見確認し、関心や能力が強まる実感と生活充実感を体験しています(第6章)。そこでは妻でもなく母でもなくまさに「個」として生き行動し、「個」としてのアイデンティティを発見し再定義しています。無職女性の幸福感は夫次第であるのに対して、彼女たちでは職場満足度も幸福感の源泉で、幸福感が他者依存だけではないものとなっています。

今、女性の間で社会的活動への強い関心と活発な活動がみられます。それは、自分のアイデンティティが子どもや夫という対人関係だけに依拠することの不安定さを自覚してでしょう。この社会的活動で妻でも母でもなく個人として行動することが、有職の女性が職業体験に準拠しているのに匹敵する重みをもつようになっていくか、今後の動向が注目されるところです。

社会の変化が早く激しい今日、以前は最適性をもっていた規範も生き方も陳腐化のスピードを早めています。旧来の価値規範に準拠した社会化は最適性を喪失しました。「寄らば大樹」「結婚が幸せ」は通用しなくなり、上の世代に生き方モデルを見出すことも不可能になりました。そこで必要なのは、歴史と社会の変化を見通し、その上でどのような生き方が自分を活かし自分も満足できるかを検討し選択することです。まさにアイデンティティ構築の作業で、これが今ほど求められている時代はありません。

これまで日本では、自分で考え選択し実践するという力の養成が十分にされてこなかったきらいがあります。「従順」「素直」が「いい子」の核、そして集団の規範や他者との協調が重視され、人と違うことは「出る釘」として排除されがちでした。こうした従来の日本の文化的風土は、人々が幸福に生きる上で再考必須でしょう。とりわけ日本で重視されてきた「関係の中でのアイデンティティ」だけではダメで、これに加えて、重要性を増してきている「個としてのアイデンティティ」の構築にとって、いたずらに他者との協調に走らず、自分を大切に自ら努力する発達の自己抑制の重要性は、一層重いものとなります。

加齢にともなう幸福感の変化――高齢期も低下しない幸福感

最後に、「幸福感」は加齢とともにどう変化していくかを概観しましょう。

これまで、幸福感のピークは中年期で、その後は緩やかに下降するというのが定説でした。加齢にともなう病気や体力の衰えや記憶や知能の衰退から抑うつ的になる、その結果、幸福感の低下は避けられないとみなされていました。それが、高齢者の主観的幸福感を多角的に調査する方法が開発されて、幸福感は加齢＝衰退ではなく、おとな以降もずっと上昇していくことが明らかになりました（図7-5参照）。幸福感は下降の一途との高齢者像は修正されたのです。

高齢者像を転換させたきっかけの一つは、高齢者の感情についての発見でした。高齢者は怒り、嫉妬、悲しみなど否定的感情よりも、喜び、楽しさ、愛など肯定的な感情に敏感に反応し、自らも肯定的な感情を表出する傾向が顕著です。主観的幸福感と感情の変化について日米比較した研究は、肯定的感情が強いつまりポジティブな心理が加齢とともに強まる傾向が日米に共通することを確認しています(唐沢二〇一二)。そして、主観的幸福感にあたる生活満足感は、日本ではアメリカ人ほどの上昇はみられませんが、高齢期でも成人期より高い水準が維持されています。この日米の差の一因は、日本人が一般に自分の感情とりわけ肯定的なことは控え目に表現する傾向(「謙遜バイアス」といわれます)のためかもしれません。アメリカ人が手放しで「ハッピーだ」「上々の出来だ」などというのとは対照的に、自分のことは控え目に話す日本人の態度がこの幸福感の回答にも働いていると考えられます。

サクセスフル・エイジング──「上手に年をとる」発達の自己制御

どんなに頑健な人でも、加齢と共に心身の衰退は避けられません。職業からの引退や経済力の低下など不如意な状況は避け難いことです。にもかかわらず、主観的幸福感は低下せず、以前と同レベルを維持しているかより高い人が多いのはなぜでしょうか。

このことを説明するのがサクセスフル・エイジングという考え方です。サクセスフル・エイジングとは、機能の低下を認めて受け入れ、残された機能や資源を最大限うまく活用して充実した生活を送ることです。バルテスのSOCモデル(第1章)に準拠した考え方で、選択(S)、最適化(O)、補償(C)のメカニズムを巧みに使う生き方です。これは、加齢と共に能力が衰えることを悲観しダメだと諦めるのとは正反対の、老いに対する前向きで、しかも個性的な態度です。衰えを補完する手段を工夫する、自分ができる／したい領域を見つけその活動に集中する、そこに喜びを見出す態度です。「上手に年をとる」(鈴木二〇〇八)こと、足るを知る生き方といえるでしょう。このような態度が高齢者に生活満足感と幸福感をもち続けさせているのです。

ここで必要なのは、知識や情報の収集、コレクションではなく、セレクションです。また人からの指示や教わるのではなく、自ら学ぶ力です。「上手に年をとる」は、まさに発達の自己制御です。ある高齢者はこのことを次のように語っています。加齢と共に人生の有限性を自覚し、自分の短い持ち時間を大事にしたいと思い、なにもかもではなく自分が大事と思うものを選び、それに集中したい、そこに生きている喜びを見出している、と。

この生き方は高齢者自身の幸福感はもちろんのこと、周囲の人々のあり方にも深く関わります。介護施設で、何でもしてもらえる万全の介護は一見親切で安楽に思えますが、自己選択と制御の機会を奪い能力の衰退を招き、幸福感の低下に繋がりかねません。できることを選んでそれは自分でする、介助は必要に応じてする、スタッフと高齢者が一緒に作業するといった類いの処遇が、高齢者の能力の維持や生き生き感を増すという高齢者施設の報告は、SOCモデルに照らすとよく理解できるでしょう。

幸福感を説明する理論に、活動理論(活動することで活性化され生き甲斐に繋がる)と離脱理論(活動から引退することが心の安定や幸福感に繋がる）という二つの対立的な理論があります。どちらの理論もそれぞれ妥当性が認められています。これは自分にとって何が大事か、どういう生き方が重要かの選択と関係しています。先のケースで「自分が大事と思うものを選び、それに集中――」とありました。社会的活動が好きで人との関係を楽しむ外向的な人には活動理論が当てはまります。他方、集団活動や対人関係が苦手で内向的な人には離脱理論が当てはまるでしょう。ともあれ、「上手に年をとる」とは、自分（性格や興味）を知る、その自己を活かし楽しめる活動を選択する、まさに自己制御の仕組みにほかなりません。

結びに代えて

『子どもが育つ条件』(二〇〇八年)で、発達するのは子どもだけではない、人は生涯発達すると書きました。読んで下さった方から、では「おとなが育つ条件」について話をと依頼されたことが、本書を書くきっかけとなりました。

おとなの心理発達は多岐にわたり、関連研究も蓄積されています。そこで、おとなの発達として重要な面、そして日本のおとなに顕著な特徴と問題のある面を中心に書くことにしました。

人の発達は生を受け育つ環境――時代、社会、文化の中で進行し、その文化を身につけることで特徴づけられます。親をはじめ学校、職場、周囲の人々がどうふるまうべきか、どう生きるのがいいかをさまざまな形で提示し教化する――社会化の結果です。しかし、この社会化がうまく機能していない場合が少なくなく、むしろその弊害が散見されるようになりました。近年の激しい社会変動、多様で過剰な情報そして史上初で他国に類をみない超長命化という事態が、社会化の問題性を露呈しました。急激な社会の変化に社会化が時代遅れとなり最適性を喪失したのです。その結果、おとなの発達が揺さぶられ、発達不全ともいえる現象もあらわれています。

その様相を具体的に述べました。「おとなが育つ条件」をと、関連研究を検討し考えて書いたのですが、結果は「日本のおとなが育っていない条件」とも言えるものになってしまいました！　育っていない条件の一つが、最適性を喪失した社会化による発達です。

激しい社会変動によって従来の規範や慣行の意味が失われ、有効なモデルもない今日、社会化に〝素直〟であることをやめ、時に社会化に抗って、自分の発達を自ら方向づけ制御することが重要であり必要です。そのために、自分はどう生きるか、何が自分を生き生きと幸せにするかについての省察――アイデンティティの探求こそが、今やおとなにとって重要な発達課題となりました。

この自己省察に基づいて（他人がどうしているか、人からどういわれるかではなく）、どのような力を身につけるか、発達の課題を自ら設定しそれに向かって努力し実現する、それは人間ならではの営みであり、生涯にわたる発達と幸福をもたらすものです。

この発達の自己制御を実践しつつある人々が現れてきています。彼らはこれまで日本に支配的だった男と女の棲み分けを問い直し、ジェンダーの囚われから脱し社会化の圧力に抗って、自分らしい生き方を模索し生き生きした生活を展開しています。

ジェンダーというと、とかく女性の問題だとか攻撃的な言説などと敬遠される向きがありますが、それは誤解であり、認識不足です。発達心理学の研究は、「男らしさ」「女らしさ」への囚われは男女いずれでも心の安定と幸福に繋がっていないこと、男性性と女性性を兼ね備えている人(アンドロジニー)が老若男女いずれでも増えていること、そしてその人々の自尊感情が高いことなどを明らかにしています(第6章)。いずれもジェンダーへの囚われからの離脱、しごとと家庭に関わるワークライフバランス、多様な生活体験をもつことの重要性を示しており、それらはまさに「おとなが育つ条件」です。

もう一つ「おとなが育つ条件」として、ケアの心と力の発達を強調したいと思います。おとなの条件はいうまでもなく自立です。しかし自立だけではおとなとは言えませんし、おとなではありません。幼弱衰病老者の心に寄り添い、その安寧のために配慮/援助する心と力――ケアの心と力をもつことは、おとなの要件です。そしてケアすることはおとなの心と力の発達を豊かにする営みです。このことが長らく看過されてきました。

発達心理学者ギリガンが女性と男性の道徳性発達は異なり、女性はケアラーである故に男性とは異なる倫理をもつことを指摘しました(第4章)。このことは、「ケアの女性化」が現実である日本では今のところ事実でしょう。しかしそれでいいのではありません。客観的な公正と正義と同時に、他者への配慮も道徳判断の軸として併せもった多角的で柔軟な価値観と生き方は、今日、男女双方に求められています。「ケアの女性化」の解消――男女ともにケアラーとなることは、おとなとりわけ男性の育つ重要な条件です。

最後になりましたが、岩波書店編集部山川良子さんにお礼を申し上げたい。調べては考え迷いつつ書いたドラフトを緻密に読んで有益なコメントを下さった、また沢山の煩瑣な図表と文献の整理と表記の工夫をして下さった、沢山のご助力なしに本書の完成はありませんでした。有り難うございました、山川良子さん。

二〇一三年六月

柏木惠子

岩波新書新赤版一〇〇〇点に際して

ひとつの時代が終わったと言われて久しい。だが、その先にいかなる時代を展望するのか、私たちはその輪郭すら描きえていない。二〇世紀から持ち越した課題の多くは、未だ解決の緒を見つけることのできないままであり、二一世紀が新たに招きよせた問題も少なくない。グローバル資本主義の浸透、憎悪の連鎖、暴力の応酬——世界は混沌として深い不安の只中にある。

現代社会においては変化が常態となり、速さと新しさに絶対的な価値が与えられた。消費社会の深化と情報技術の革命は、種々の境界を無くし、人々の生活やコミュニケーションの様式を根底から変容させてきた。ライフスタイルは多様化し、一面では個人の生き方をそれぞれが選びとる時代が始まっている。同時に、新たな格差が生まれ、様々な次元での亀裂や分断が深まっている。社会や歴史に対する意識が揺らぎ、普遍的な理念に対する根本的な懐疑や、現実を変えることへの無力感がひそかに根を張りつつある。そして生きることに誰もが困難を覚える時代が到来している。

しかし、日常生活のそれぞれの場で、自由と民主主義を獲得し実践することを通じて、私たち自身がそうした閉塞を乗り超え、希望の時代の幕開けを告げてゆくことは不可能ではあるまい。そのために、いま求められていること——それは、個と個の間で開かれた対話を積み重ねながら、人間らしく生きることの条件について一人ひとりが粘り強く思考することではないか。その営みの糧となるものが、教養に外ならないと私たちは考える。歴史とは何か、よく生きるとはいかなることか、世界そして人間はどこへ向かうべきなのか——こうした根源的な問いとの格闘が、文化と知の厚みを作り出し、個人と社会を支える基盤としての教養となった。まさにそのような教養への道案内こそ、岩波新書が創刊以来、追求してきたことである。

岩波新書は、日中戦争下の一九三八年一一月に赤版として創刊された。創刊の辞は、道義の精神に則らない日本の行動を憂慮し、批判的精神と良心的行動の欠如を戒めつつ、現代人の現代的教養を刊行の目的とする、と謳っている。以後、青版、黄版、新赤版と装いを改めながら、合計二五〇〇点余りを世に問うてきた。そして、いままた新赤版が一〇〇〇点を迎えたのを機に、人間の理性と良心への信頼を再確認し、それに裏打ちされた文化を培っていく決意を込めて、新しい装丁のもとに再出発したいと思う。一冊一冊から吹き出す新風が一人でも多くの読者の許に届くこと、そして希望ある時代への想像力を豊かにかき立てることを切に願う。

（二〇〇六年四月）

柏木恵子

1932年，千葉県生まれ．
東京女子大学文学部卒業，東京大学大学院教育心理学専攻博士課程修了．教育学博士
現在—東京女子大学名誉教授
専攻—発達心理学，家族心理学
著書—『子どもも育つおとなも育つ 発達の心理学』(萌文書林)
『家族の心はいま——研究と臨床の対話から』(共編著，東京大学出版会)
『子どもが育つ条件——家族心理学から考える』(岩波新書)
『父親になる，父親をする——家族心理学の視点から』(岩波ブックレット)
『親と子の愛情と戦略』(講談社現代新書)
『家族心理学への招待——今，日本の家族は？ 家族の未来は？』(共編著，ミネルヴァ書房)

おとなが育つ条件
—発達心理学から考える
岩波新書(新赤版)1436

2013年7月19日 第1刷発行
2025年1月24日 第7刷発行

著 者 柏木恵子《かしわぎけいこ》

発行者 坂本政謙

発行所 株式会社 岩波書店
〒101-8002 東京都千代田区一ツ橋2-5-5
案内 03-5210-4000 営業部 03-5210-4111
https://www.iwanami.co.jp/

新書編集部 03-5210-4054
https://www.iwanami.co.jp/sin/

印刷・三陽社 カバー・半七印刷 製本・中永製本

ISBN 978-4-00-431436-3 Printed in Japan

参考文献一覧

参考とした資料・文献は多いが，紙幅の都合もあり大幅に割愛し，文中で言及している文献および図表として引用している文献に限定して，ここに掲載した．

章ごとに，日本語文献(あいうえお順)，英語文献(アルファベット順)で列挙した．

章を超えて再度引用されている場合は，「前出」とした．

第1章

東洋・柏木惠子・R. D. ヘス『母親の態度行動と子どもの知的発達——日米比較研究』東京大学出版会，1981

天野清「幼児のことばと文字」岡本夏木・高橋惠子・藤永保編『幼児の生活と教育』4，岩波書店，1994(図1-5)

安藤寿康『遺伝マインド——遺伝子が織り成す行動と文化』有斐閣，2011(図1-2)

原ひろ子『ヘヤー・インディアンとその世界』平凡社，1989

藤永保・斎賀久敬・春日喬・内田伸子『人間発達と初期環境』有斐閣，1987

Flynn, J. R., IQ gains over time: Toward finding the causes, Neisser, I. U.(Ed.), *The rising curve: Long term gains in IQ and related measures*, Amer. Psychological Assn, 1998(図1-3)

Shaire, K. W.(Eds.), *Long etudinal studies of adult psychological development*, Guelford Press, 1983(図1-4)

第2章

東・柏木・ヘス：前出(第1章)

臼井博『子どもの熟慮性の発達——そのメカニズムと学校文化の影響』北海道大学出版会，2012

鈴木忠『生涯発達のダイナミクス——知の多様性，生き方の可塑性』東京大学出版会，2008(図2-3)

Adams, C., *et al.*, Adult age-group differences in recall for the literal and interpretive meanings of narrative text, *Journal of Gerontology: Psychological Sciences*, 52B, 1997(図 2-3)

Horn, dJ. L., Organization of deta on life-span development of human abilities, Goulet, L. R., & Baltes, P. B. (Eds.), *Life Span Developmental Psychology: Research and Theory*, Academic Press, 1970(図 2-1)

Kagan, J., Rosman, B., Day, D., Albert. J. & Phillips, W., Information processing in the child, *Psychological Monographs* 78, 1964(図 2-5)

Kawashima, R., Tajima, N., Yoshida, H. Okita, K., Sasaju, T., Schermann, T., Ogawa, A., Fukuda, H. & Zeller, K., The effect of verbal feedback on motor learning: A PET study, *Neuroimage* 12, 2000

Salthouse, T. A., What and when of cognitive aging, *Current Directions in Psychological Science* 13, 2004(図 2-2)

Schmidt, F. L., Hunter, J. E., Outerbridge, A. N., & Goff, S., Joint relation of experience and ability with job performance: Test of three hypothesis, *Journal of Applied Psychology* 73, 1988(図 2-4)

第3章

秋山弘子「ジェンダーと文化」柏木惠子・北山忍・東洋編『文化心理学――理論と実証』東京大学出版会，1997(図 3-3)

伊藤裕子・下仲順子・相良順子「中高年期における夫婦の関係と心理的健康――世代比較を中心に」『文京学院大学総合研究所紀要』10，2009

柏木惠子・北條文緒「女性の友情」『Women's Studies 研究報告』東京女子大学女性学研究所，2008

片桐恵子『退職シニアと社会参加』東京大学出版会，2012(図 3-6)

石暁玲・桂田恵美子「保育園児を持つ母親のディストレス――相

互協調性・相互独立性およびソーシャル・サポートとの関係」『発達心理学研究』21，2010
園田雅代「アサーション・トレーニングを求める男性――男性が自分らしく生きるということ」柏木惠子・高橋惠子編『日本の男性の心理学――もう一つのジェンダー問題』有斐閣，2008
高橋惠子『人間関係の心理学――愛情のネットワークの生涯発達』東京大学出版会，2010(図3-2)
高橋惠子『第二の人生の心理学――写真を撮る高齢者たちに学ぶ』金子書房，2011
内閣府「高齢者の地域社会への参加に関する意識調査」2010(図3-5)
内閣府「第7回高齢者の生活と意識に関する国際比較調査の概況」2010(図3-7)
中西信男『ライフ・キャリアの心理学――自己実現と成人期』ナカニシヤ出版，1995(表3-2)
林真一郎「男性役割と感情制御」柏木惠子・高橋惠子編『日本の男性の心理学――もう一つのジェンダー問題』有斐閣，2008
平山順子・柏木惠子「中年期夫婦のコミュニケーション態度――夫と妻は異なるのか？」『発達心理学研究』12，2001(図3-4)
守屋慶子「日常の問題解決における否定的感情の処理」柏木惠子・高橋惠子編『心理学とジェンダー――学習と研究のために』有斐閣，2003
Karasawa, M., Curhan, K. B., Markus, H. R., Kitayama, S., Love, G. D., Radler, B. T. & Ryff, C. D., Cultural Perspectives on Aging and Well-being: A Comparison Between Japan and the U.S., *International Journal of Aging and Human Development* 73, 2011(図3-1)
Mroczek, D. K. & Kolarz, C. M., The effect of age on positive and negative affect: A developmental perspective on happiness, *Journal of Personality and Social Psychology* 75, 1998

(図 3-1)
Murkus, H. R. & Kitayama, S., Culture and the self: Implications for cognition, emotion and motivation, *Psychological Review* 98, 1991
Shimoda, K., Argyle. M. & Ricci Bitti, P., The intellectual recognition of emotional expressions by three national groups—English, Italian and Japanese, *Europian Journal of Social Psychology* 8, 1978(表 3-1)

第4章

伊藤セツ・天野寛子・天野晴子・水野谷武志編著『生活時間と生活福祉』光生館, 2005
稲葉昭英「結婚とディストレス」『社会学評論』53, 2002(図 4-2)
宇都宮博『高齢期の夫婦関係に関する発達心理学的研究』風間書房, 2004(図 4-10)
大野祥子「育児期男性にとっての家庭関与の意味——男性の生活スタイルの多様化に注目して」『発達心理学研究』23, 2012(図 4-9)
岡村清子「いま団塊夫婦は——どこからどこへ」天野正子編『団塊世代・真論〈関係的自立〉をひらく』有信堂高文社, 2001(表 4-1)
柏木惠子・平木典子『家族の心はいま——研究と臨床の対話から』東京大学出版会, 2009
国立社会保障·人口問題研究所「一般人口統計」『人口統計資料集』2005(図 4-3)
国立社会保障·人口問題研究所『国立社会保障·人口問題研究所年報　平成 19 年度』2007
品田知美『家事と家族の日常生活——主婦はなぜ暇にならなかったのか』学文社, 2007
内閣府『男女共同参画白書　平成 11 年版』1999(図 4-8)
中村真由美「結婚の際に男性に求められる資質の変化——対人関

係能力の結婚との関係」永井暁子・松田茂樹編『対等な夫婦は幸せか』勁草書房，2007(図 4-1)
西田由起子「成人女性の多様なライフスタイルと心理的 well-being に関する研究」『教育心理学研究』48，2000(図 4-7)
林葉子「IT 利用に依る支援ネットワークと生活充実感」『平成22年度～24年度科学研究補助金　基盤研究研究成果報告書』2013
平山順子「家族を「ケア」するということ――育児期女性の感情・意識を中心に」『家族心理学研究』13，1999(図 4-5,6)
平山順子・柏木惠子：前出(第 3 章)(図 4-4)

第 5 章

石井クンツ昌子『「育メン」現象の社会学――育児・子育て参加への希望を叶えるために』ミネルヴァ書房，2013
大島聖美「中年期父親の肯定的子育て歴の回想分析」『家族心理学研究』25，2011
柏木惠子『父親になる，父親をする――家族心理学の視点から』岩波ブックレット，2011
柏木惠子『親と子の愛情と戦略』講談社現代新書，2011
柏木惠子・永久ひさ子「女性における子どもの価値――今なぜ子を産むか」『教育心理学研究』47，1999
柏木惠子・若松素子「「親となる」ことによる人格発達――生涯発達的視点から親を研究する試み」『発達心理学研究』5，1994(図 5-3,8)
菊池ふみ・柏木惠子「父親の育児――育児休業をとった父親たち」『文京学院大学人間学部紀要』9，2008
楜澤令子『青年期・成人期における養護性の発達と形成要因』風間書房，2012
厚生労働省『第 9 回 21 世紀成年者縦断調査』2012(図 5-4)
小坂千秋・柏木惠子「育児期女性の就労継続・退職を規定する要因」『発達心理学研究』18，2007(図 5-2)
小原嘉明『父親の進化――仕組んだ女と仕組まれた男』講談社，

1998
埼玉県男女共同参画推進センター(With You さいたま)「平成 14 年度共同研究(研究代表柏木惠子)　育児期女性の就労中断に関する研究」2003
斎藤環・畠中雅子『ひきこもりのライフプラン――「親亡き後」をどうするか』岩波ブックレット，2012
篠田有子『家族の構造と心――就寝形態論』世織書房，2004
染谷俶子「有料高齢者居住施設の入居ニーズに関する日米比較」『東京女子大学比較文化研究所紀要』72，2011
高木紀子・柏木惠子「母親と娘の関係――夫との関係を中心に」『発達研究』15，2000
田村哲樹「男たちの子育てチャレンジ」名古屋大学における男女共同参画報告書，2006
土堤内昭雄『父親が子育てに出会う時――「育児」と「育自」の楽しみ再発見』筒井書房，2004
内閣府『男女共同参画白書』2008(図 5-1)
内閣府「第 7 回高齢者の生活と意識に関する国際比較調査」2010(図 5-11)
永久ひさ子・柏木惠子「母親の個人化と子どもの価値――女性の高学歴化と有職化の視点から」『家族心理学研究』14，2000
根ケ山光一『〈子別れ〉としての子育て』日本放送出版協会，2006
根ケ山光一・柏木惠子編著『ヒトの子育ての進化と文化――アロマザリングの役割を考える』有斐閣，2010
深谷昌志『親孝行の終焉』黎明書房，1995
深谷昌志「変わりつつある父親像」牧野カツコ・中野由美子・柏木惠子編『子どもの発達と父親の役割』ミネルヴァ書房，1996(図 5-6)
毎日新聞社人口問題調査会『日本の人口――戦後 50 年の軌跡』毎日新聞社人口問題調査会，2000(図 5-9)
水本深喜・山根律子「青年期から成人期への移行期における母娘関係――「母子関係における精神的自立尺度」の作成及び「母子関係の 4 類型モデル」の検討」『教育心理学研究』59,

2011(図5-10)
宮本みち子『ポスト青年期と親子戦略——大人になる意味と形の変容』勁草書房，2004
目良秋子「父親と母親のしつけ方略——育児感・子ども感と父親の育児参加から」『発達研究』12，1997(図5-7)
Field, T., Interaction behaviors of primary versus secondary caretaker fathers, *Developmental Psychology* 14, 1978(図5-5)

第6章

青野篤子『ジェンダー・フリー保育——次世代育成のヒント』多賀出版，2012
東清和・小倉千加子『性役割の心理』大日本図書，1984(図6-6)
東清和・小倉千加子編『ジェンダーの心理学』早稲田大学出版部，2000(図6-4)
飯野晴美「「男らしさ」「女らしさ」の自己認知と性役割観」『明治学院論叢』600，1997(表6-3)
伊藤公雄「学術の再点検——男性学・男性研究の視点から」『学術の動向』8，2003
伊藤裕子「性役割の評価に関する研究」『教育心理学研究』26，1978(表6-2)
大野祥子「男性の家庭関与の質と性役割規範の相対化」日本心理学会第76回大会小講演資料，2012(表6-1)
大野久「男子学生の自我発達の遅れとその原因——大学生のジェンダー問題」柏木惠子・高橋惠子編『日本の男性の心理学——もう一つのジェンダー問題』有斐閣，2008
岡本祐子編『女性の生涯発達とアイデンティティ——個としての発達・かかわりの中での成熟』北大路書房，1999
柏木惠子「青年期における性役割の認知」『教育心理学研究』15，1967
柏木惠子「青年期における性役割の認知 II」『教育心理学研究』20，1972

柏木惠子・高橋惠子編『日本の男性の心理学――もう一つのジェンダー問題』有斐閣，2008
下仲順子・中里克治・河合千恵子「老年期における性役割と心理的適応」『社会老年学』31，2003(図 6-7)
下仲順子・中里克治・本間昭「長寿にかかわる人格特徴とその適応との関係――東京都在住 100 歳老人を中心として」『発達心理学研究』1，1991
石・桂田：前出(第 3 章)
全国過労死を考える家族の会編『死ぬほど大切な仕事ってなんですか――リストラ・職場いじめ時代に過労死を考える』教育史料出版会，1997
多賀太『男らしさの社会学――揺らぐ男のライフコース』世界思想社，2006
田矢幸江・柏木惠子「高齢期における社会的役割と人格発達」柏木惠子監修『発達家族心理学を拓く――家族と社会と個人をつなぐ視座』ナカニシヤ出版，2006(表 6-4)
土肥伊都子「ジェンダーと自己」榎本博明編『自己心理学の最先端――自己の構造と機能を科学する』あいり出版，2011(図 6-5)
土肥伊都子・広沢俊宗・田中国夫「多重な役割従事に関する研究――役割従事タイプ，達成感と男性性，女性性の効果」『社会心理学研究』5，1990
内閣府「少子化施策利用者意向調査に向けた調査報告書」2009(図 6-3)
直井道子・村松泰子編『学校教育の中のジェンダー――子どもと教師の調査から』日本評論社，2009
林葉子：前出(第 4 章)(図 6-2)
湯川隆子・廣岡秀一「大学生におけるジェンダー特性語の認知(2)性分類反応からみた 1970 年代と 1990 年代の比較」『三重大学教育学部研究紀要』54，2003
立教大学学生部学生生活課「第 12 回学生生活意識調査報告書」2007

Kanai, A., Wakabayashi, M. & Fling, S., Workaholizm among employees in Japanese corporation: An examination based on the Japanese-version Workaholizm scale, *Japanese Psychological Research* 38, 1996(図6-1)
Spence, J. T., Helmereich, R. & Stapp, J., Ratings of self and peers on sex-role attributes and their self-esteem and conceptions of masculinity and femininity, *Journal of Personality and Social Psychology* 32, 1975

第7章

東・柏木・ヘス：前出(第1章)
伊藤裕子・相良順子・池田政子「主観的幸福感尺度の作成と信頼性・妥当性の検討」『心理学研究』74，2003
伊藤裕子・相良順子・池田政子「既婚者の心理的健康に及ぼす結婚生活と職業生活の影響」『心理学研究』75，2004(図7-6)
伊藤・下仲・相良：前出(第3章)(図7-5)
岡本裕子：前出(第6章)
柏木惠子・数井みゆき・大野祥子「結婚・家族観に関する研究」1〜3，『日本発達心理学会第7回大会発表論文集』1996
柏木惠子・平山順子「結婚の“現実”と夫婦関係満足度との関連性——妻はなぜ不満か」『心理学研究』74，2003
唐沢真弓「幸福なエイジング——文化比較研究からみえてくること」『心理学評論』55，2012
唐沢真弓・杉野珠理「well-being に対する加齢と教育歴の交差的影響——MIDLA データによる交差的分析」日本心理学会76回大会報告，2012
熊野道子「大学生・中年層・高齢期における生きがい——生きがい要素と対人関係の観点から」『教育福祉研究』34，2008(図7-3)
グラハム，K. 著・多田洋介訳『幸福の経済学——人々を豊かにするものは何か』日本経済新聞出版社，2013
経済協力開発機構編著『図表でみる世界の主要統計——OECD

ファクトブック』明石書店，2011
子安増生・楠見孝・MoisesKirk de Carvalho・橋本京子・藤田和生・鈴木晶子・大山泰宏・Carl Becker・内田由紀子・Dacid Dalsky・Ruprecho Mattig・櫻井里穂・小島隆次「幸福感の国際比較研究——13カ国のデータ」『心理学評論』55，2012（表7-1，図7-1）
鈴木忠：前出（第2章）
高田利武「日本人青年と中高年層における相互独立的・相互協調的自己スキーマの形成」『心理学研究』78，2007（図7-2）
永久ひさ子「専業主婦における子どもの位置と生活感情」『母子研究』16，1995（図7-7）
西田由紀子：前出（第4章）
橋本博文「理想自己と現実自己の日米比較——文化的信念の共有性に着目して」日本心理学会76回大会，2012
守屋慶子「高齢期にもひとは発達する——経験知で拓かれる新しい道」内田伸子編『誕生から死までのウェルビーイング——老いと死から人間の発達を考える』金子書房，2006
Berkman, L. F. & Breslow, L., *Health and ways of living: The alameda country study*, Oxford Press, 1983（森本兼曩監訳，星旦二編訳『生活習慣と健康——ライフスタイルの科学』HBJ出版局，1989）（図7-4）
Inglehart, R. & Norris, P., *Sacred and secular: Religion and politics worldwide*, Cambridge University Press, 2004